谨以此书献给所有不甘于平凡的人

不要指望麻雀会飞得很高。高处的天空，那是鹰的领地。麻雀如果摆正了自己的位置，它照样会过得幸福。

最简单的职场定律；最实用的职场守则。

今天工作不努力 明天努力找工作

赵 琦◎编著

职场上只有两种结果：要么进取，要么出局。

中国言实出版社

图书在版编目(CIP)数据

今天工作不努力　明天努力找工作/赵琦编著.
—北京:中国言实出版社,2011.1
ISBN 978-7-80250-400-4

Ⅰ.①今…
Ⅱ.①赵…
Ⅲ.①企业—职工—职业道德
Ⅳ.①F272.92

中国版本图书馆 CIP 数据核字(2010)第 228709 号

出版发行　中国言实出版社
地　址:北京市朝阳区北苑路 180 号加利大厦 5 号楼 105 室
邮　编:100101
电　话:64924716(发行部)　64963101(邮　购)
64924880(总编室)　64914138(四编部)
网　址:www.zgyscbs.cn
E-mail:zgyscbs@263.net

经　销　新华书店
印　刷　北京市德美印刷厂
版　次　2012 年 2 月第 1 版　2012 年 2 月第 1 次印刷
规　格　710 毫米×1000 毫米　1/16　14.5 印张
字　数　190 千字
定　价　32.00 元　ISBN 978-7-80250-400-4/・F330

前言
Preface

对于许多人来说，工作是每天都必须要做的事情，然而，随着社会的不断发展和竞争的日益激烈，大多数工作都变得动荡起来。如果想让自己在企业里得到长远的发展，就要立足一个岗位上努力工作。任何一个人，想要在职场上获得成功，都得付出艰苦的努力，最大程度地提高自己，这样才能将自己的工作做到最好，保证自己不被淘汰。

今天不努力，明天没饭吃，这就是摆在每个人面前的现实。这个年轻人之所以会沦为乞丐，主要是由于他对工作的态度不端正造成的。其实，工作本身是没有贵贱之分，所不同的是，不同的员工对待工作有着截然不同的态度。一个员工是否优秀，是否能为公司做出贡献，这一切都从他对待工作的态度上反映出来。不管你从事的是哪种行业，都要踏踏实实地努力工作，千万不要敷衍，更不能怠慢工作。否则，你就要体会到“今天工作不努力，明天努力找工作”的滋味了。

在职场上，有些人或许这样认为：反正是给别人打工，干好干坏一个样，干多干少一个样，何必那么拼命呢？其实，这种态度是危险的。抱着这种心态去工作的人，不可能认真工作，也不可能将工作做好，这种人只会应付差事，当一天和尚撞一天钟。这类人最后的结果，肯定是“被解雇，找工作，再被解雇，再找工作”，陷入无限的循环之中。

一名优秀的员工，不但不会抱怨工作，更不会敷衍工作。他们会努力做好每一件手头的事情，将每一件工作尽自己的所能做到最好。这样的员工肯定能够得到领导的赏识和同事的认可，成为公司里不可或缺的支柱式人物。

许多不努力工作的人，在失业后才知道后悔，在继续找工作的艰难中才明白自己应该好好去工作，但为时已晚了。就这样，这些对待工作不努力的人，总是在不断的失业中后悔着。当然，他们虽然后悔，但却很少责怪自己，更多的是抱怨公司不合适，抱怨领导不地道，抱怨自己命太苦。

其实，任何人都有成为优秀员工的潜质，只要通过自己努力的工作，都能在职场上做出业绩来，成为被公司重用的人才。但是，千万不要自暴自弃，自己放弃了努力的动力。在职场上工作，一定要明白这样一个道理：**努力工作的员工将命运控制在自己的手里，不努力工作的员工将命运控制在了老板手里。**要知道，自己的命运掌握在别人手里的滋味并不好受！

因此，作为一名职场人士，要将自己的全部精力和热情全部投入到工作中，通过自己的努力在工作中做出成绩，让自己在职场上脱颖而出。

"今天工作不努力，明天努力找工作"，任何想要在残酷的竞争中立于不败之地的人，请努力工作吧！

目录

Contents

第一章 天道酬勤，努力就会有回报

工作是我们每个人赖以生存的“饭碗”，当我们拥有它的时候，也许不知道工作的可贵，但是，一旦失去，才会发现我们的生活会因此变得毫无依托。所以，为了保住手中的饭碗，我们就用踏踏实实的态度来对待它，“一分耕耘，一分收获”，早已是被无数人的成功经验所验证了的真理，相信它，好运一定自然来。

第二章 找对方法，成功在望

在职场中，有很多员工，他们很努力地工作，但却不能很好地提高效率，这是什么原因？问题出在哪里？这样的员工主要是工作方法出了问题！如果你想在职场中叱诧风云，那么，就先从找对正确的工作方法开始！

第三章 工作态度决定你的职场前途

如果你希望获得成功,那么先要问自己,你对你的工作是否充满了巨大的热情?如果你具有积极的工作态度,并且在工作中善于思考、勤于发现问题,那么,你将最快获得老板的认可与提升。态度决定命运,命运决定未来,如果你希望改变命运的程序,那么,就要先从改变工作态度开始……

第四章 钱途≠前途,不要成为金钱的奴隶

在现代社会生活中,最实际的资源莫过于金钱,它是所有资源转换的媒介,对每个人的生活都具有重要意义。但是,如果把它视为万能的上帝,对它顶礼膜拜,就会让人被钱所迷惑,看不清脚下的道路。对于职场中人来说,钱够用足矣,利用工作的机会,强化自己,才是最聪明的选择……

第五章 学会珍惜，你的工作来之不易

人生匆匆,为使一生不留遗憾,就要让自己懂得珍惜,珍惜自己生命中的每一寸时光,珍惜让自己成长的每一个机会。也许,我们眼下的工作并不能让你过上舒适的生活,也许工作中还会有一些地方不如人意,与其憧憬明天的海市蜃楼,不如脚踏实地抓住今天,好好工作,让自己的生命在平凡的工作中得到升华。

第六章 合理规划，提高你的工作效率

很多职场中的员工,对自己缺乏一个全面的认识,往往是过于自负、自视甚高,对自己的劣势和工作中有可能出现的困难估计不足,对自己的工作缺乏整体的规划,往往是头疼医头,脚痛医脚,荒废了大部分时间,针对职场中这种常见的现象,我们在本章为您找到了具体解决的方法……

第七章 工作无小事，细节决定成败

"泰山不拒细壤,故能成其高;江海不择细流,故能就其深。"如果把这句话落实在我们的工作当中,那就是改变自己心浮气躁、浅尝辄止的老毛病,把小事做细,把细节做精,让我们在做好小事的过程中,实现我们职务的飞跃,人生的成长……

第八章 每天进步一点点，在工作中提升自己

很多人都渴望获得成功的秘诀,其实,这个秘诀真的很难掌握,虽然一千个读者的心中就有一千个哈姆雷特,一百个成功者就会有一百种答案。但是,将所有成功者的经验归纳起来,其共性只有一条:那就是每天比别人多付出一点的劳动和努力,积沙成丘、集腋成裘,经过日积月累之后,这"一点点",就会成为伟大的成就。

第九章 停止抱怨，将工作实践进行到底

抱怨的人认为自己怀才不遇，社会太不公平，他们本来希望通过抱怨，获得别人的同情，反而会因此遭到别人的白眼，因为抱怨就像一种情绪的病毒，在你抱怨的同时，也会把坏情绪传染给别人。如果你希望自己成为一个受人欢迎的人，那么，从现在开始，停止抱怨吧，生活中不需要这样的“病毒”，我们需要的是信心、勇气、信仰和乐观面对一切的精神。

第十章 在团队中脱颖而出的秘密

人在职场，凭什么本领才能笑傲“江湖”，立于不败之地？我们为您找到了这一武林秘笈：那就是有效的沟通能力、卓越的执行能力、不断丰富自己的学习能力、尊收公司制度的自律能力、在职场中卓尔不群的影响力，增强团队团结的凝聚力……

第一章　天道酬勤，努力就会有回报

工作是我们每个人赖以生存的“饭碗”，当我们拥有它的时候，也许不知道工作的可贵，但是，一旦失去，才会发现我们的生活会因此变得毫无依托。所以，为了保住手中的饭碗，我们就用踏踏实实的态度来对待它，“一分耕耘，一分收获”，早已是被无数人的成功经验所验证了的真理，相信它，好运一定自然来。

1 工作要脚踏实地

在一场金融风暴过后，很多企业纷纷倒闭，在这样不容乐观的情况下，端在手中的“饭碗”也显得弥足珍贵，任何一个工作的机会都不容小视。

如何才能在就业艰难的情况下，保住自己手中的“饭碗”？这就需要你在职场中，做一个成功的职场人士。任何一个想在职场中获得成功的人，都要具备脚踏实地的精神。这种精神是一个人成就事业的决定因素。

那些自以为是、骄傲自满的人，往往想一步登天，他们忽略了“千里之行，始于足下”的道理。这些好高骛远的人，往往不屑于为别人工作，不喜欢从最基础的工作做起，这样的人到头来大多是一事无成，白白蹉跎了岁月。

身在职场，必须努力工作，只有努力工作，才能实现自己的理想，才能过上自己想要的生活。因此，要在工作中调整好自己的心态，打消那些投机取巧的念头，从最基础的事情做起，在最底层一点一滴地积累经验，不断提高自己的能力。这样，才能最终获取成功。

那么，怎样工作，才算作是脚踏实地呢？

首先，要将自己的全部精力放在工作上，不管是最基础的工作，还是重要的工作，都要在自己的岗位上兢兢业业，不断进步。在工作中不断提高自己的业务水平，逐步成为公司中不可替代的人。

其次，要在工作中怀有一颗平常心。职场中，切忌急功近利，对待工作保持一颗平常心，乐于接受一切困难和挑战。

最后，要让自己成为一个梦想的实践者。根据自己所面临的实际情况，提出针对性的意见或建议，并将其做成计划或方案，竭尽全力完成它。只有通过实践，才能检验出你的计划或方案是否得当。

如果你能够拥有一颗平常心，将自己的全部精力都用在工作上，并且积极努力，你就一定会在职场顺风顺水，升职、加薪那是迟早的事。

那些脚踏实地的职场中人，往往善于控制自己的情绪，从不为自己设定高不可攀的目标，更不会在工作中心存侥幸。他们只会踏踏实实、认认真真地走好每一步，用好每一分钟，做好每一件事。

那些自以为是的聪明人，大多容易冲动，懒得做这些基础的事情。他们渴望挑战自己，做自己能力之外的高难度的事情，结果大多会做得一塌糊涂，输得惨不忍睹。

如果将自己看得笨一点，你就不会犯那些"聪明人"经常犯的错误，将自己看得笨一点，能够更清楚地认识和了解自己，能够冷静地对待自己的优势和不足，能够凡事仔细思量，做有把握的事情，不会逞一时的匹夫之勇。脚踏实地的人，往往会在职场上经历一段自我成长的"炼狱"期。但当这段时间过后，他们的职场之路会越走越顺。

某集团公司的食堂里有一个老厨师，他在这个单位工作了20年，每天的工作就是买菜、做饭，20年如一日。

后来，单位机构改革，董事会决定在年底将食堂关掉，将食堂的职工遣散，职工的午餐改为发放现金。因为食堂里很多员工都是合同制工人，大家听了这个消息之后，纷纷外出应聘其他单位，一时间，食堂里唱了"空城计"，最后只剩下了那个老厨师一个人。

负责后勤的领导以为，这个老厨师一定会找他来抱怨，食堂里的人都走光了，就剩下他自己，领导也做好了提前撤掉食堂的准备。因为他很清楚，食堂里那么多活，一个人怎么能干得完呢？

可是，他一连等了好几天，也不见那个老厨师来找他诉苦，可是，到了中午的时候，食堂仍然能照常开饭，全体职工谁也没有发现这个问题。这个负责后勤的领导很纳闷，他决心探个究竟。

第二天早晨，他早早地来到食堂，看到老厨师拉着沉重的板车，车上装满了新鲜的蔬菜，车子后面跟着一个 50 岁左右的妇女。

这个领导看到那个老厨师跟这个不认识的女人一起动手卸车，把这些蔬菜搬运到厨房之后，两个人马上开始忙碌，女人洗菜摘菜，老厨师切菜、炒菜，虽然忙碌，但是两个人配合得非常默契。领导很纳闷，这个女人他从来都不认识，也没有她的工资，这个人是厨师从哪里招来的呢？

到了中午，食堂里的饭菜仍然非常丰盛，大家也没有发现今天的饭菜与往常有什么不同，大家更猜想不到，这么多饭菜竟然是两个人做出来的！

大家吃完之后，厨师和那个女人赶紧收拾碗筷，领导实在忍不住了，他走过来，对老厨师说："食堂里没有人干活了，你为什么不跟我说明情况，单位也可以到劳务市场给你找个帮手啊！"

老厨师憨厚地笑笑说："不用了，不到两个月的时间食堂就要撤了，这么短的时间，我想人也不好招，不如我一个人坚持一下，这样能给公司节省点开支。实在忙不过来，就把我老伴找来帮帮忙，坚持两个月，我也要回家了，不过，职工吃饭是个大事，马虎不得，我必须坚持把饭菜做好，这是我的责任。"

听了这位老厨师的话，这位领导非常感动。在董事会全体会议上，这位领导转述了老厨师的话，全体董事都被这个老厨师感动了，后来，大家一致举手通过，继续保留食堂，并将这个老厨师转为正式职工，工资也提了一倍。

通过这个老厨师的故事，我们可以得出这样一个结论：只有埋头，才会有出头之日。真正的聪明人不是那些左右逢源的人，而是那些脚踏实地默默工作的人。

身在职场，每个人都希望得到领导的认可，都希望公司把最重要的工作交给自己。但想要成为领导眼中的"红人"，首要的条件就是踏实可信，那些脚踏实地的人更容易得到领导的信任与重用。而那些眼高手低、不能踏实工作的人，往往难以得到领导的认可。

李嘉诚说："一个年轻人如果不脚踏实地，我们在雇用他的时候就要留神了。因为如果你想造一幢楼房的话，如果地基没打好，那么不管楼盖得多漂亮，最终也会倒塌的。"

所以，如果你想要得到公司的认可，得到领导的信任，就应该脚踏实地，努力工作，在不断的工作中完善自己，提高自己，让自己变得更优秀。只有这样，你才能在工作中实现自己的人生价值。

2 努力＝专心＋恒心

美国纽约中央铁路公司前总裁佛弗里德利·威尔森在一次受访中被问到如何提高员工业绩时这样回答："一个人经验越丰富，对工作的态度就越勤奋，这是许多人都不曾注意的成功秘诀，那些成功者往往都是勤奋努力的员工。"

得克萨斯有句古老的谚语这样说："湿火柴点不着火。"那些不努力的员工，工作业绩肯定是低劣的，当你觉得工作乏味、无趣时，不是因为工作本身出了问题，而是因为你的"易燃指数"不够高。点燃你心中的热忱，一切就会好起来。

正是如此，每位员工在工作的过程中都保持高度的热忱，能够持之以恒。千万不能心浮气躁，失去耐心。任何一个员工，当你踏入职场的时候，就要有从最底层做起的心理准备，你只有耐得住寂寞，才能用自己的汗水与努力，浇灌出灿烂美丽的成功之花。

五洋大酒店是深圳的一家五星级酒店，毛利是这家酒店的工作人员。她在这家酒店的工作是清洁洗手间。刚开始的时候，她心中很是不满，感觉自己低人一等，清理洗手间这样的工作实在是太低级了。但是，通过一段时间的工作实践之后。她渐渐感觉到，工作本身是没有贵贱之分的。于是，她开始专心干起这份看似不大体面的工作来。由于她工作认真，又能一直坚持努力，她负责的卫间间整洁干净，深受客人好评。

许多客人在走进洗手间的时候，都会由衷地称赞一番。后来，毛利被酒店评为优秀员工，成为大家学习的榜样。现在，毛利靠着自己的努力，为自己赢得了升职的机会。不久，被提拔为酒店的后勤部主管。

可见，努力能让自己迈上更高一层台阶，如果一个人在工作上没有决心，那就很难专心，更难持之以恒，工作干不好也就不足为奇了。

如果能够专心致志将手边的工作做好，久而久之，你就能在平凡的工作岗位上脱颖而出，做出不平凡的业绩。

专心致志是很多人取得事业成功的一个重要原因，科学家牛顿有很多这样的故事被后人传为佳话。

牛顿总是在工作或思考问题的时候，忘记了周围的一切。有一次，牛顿邀请一个朋友一起用餐，饭菜已摆在桌上，牛顿还没从工作室出来，这位朋友等了好久，只好独自吃起来。吃完后，他和牛顿开了个玩笑，把鸡骨头放到盘子里，盖上盖。几小时后，牛顿才从工作室出来，他到桌旁，打开盖子，当看到盘子里的鸡骨头，不禁自言自语地说："我还以为自己没吃呢，原来早已吃过了。"于是又回到工作室，继续工作去了。

正是由于如此专注地工作，牛顿年纪轻轻，就在数学和物理领域，取得了许多卓越的成就。苏格兰散文及历史学家汤玛士喀莱尔曾说道："我们该做的不是看着远在天边的东西，而是做已经在手上的事。"

当你把注意力放在当下的事情上的时候，就能把每一个寻常的瞬间，转变成一个个真实的刹那。当你全神贯注时，你的感官高度灵敏，你的意识无比细腻清晰，这时，你就能充分捕捉和感知周围的一切，让自己受到影响，让自己感动，并深深地品味此刻的种种美妙。当你百分之百地投入到当前的这一瞬间，你生命中的这一瞬间，就会因此变得丰富、有趣、富含力量而且特别神奇。

我们经常欣赏小孩子天真无邪的样子，他们之所以令我们羡慕，是因为他们把自己完全沉浸在当前的时间里。不管是玩过家家、画画、还是搭积木，他们都能全神贯注，所以他们的感受才最丰富，他们的快乐也最真实。

专注于某一刻就是当你在做某一件事的时候，不要试图为另一件事做计划。当你在做这件事的时候，也不要去想那件事。不管你下一步想做什么，只要先把手上的事情做好。当你和别人谈话的时候，就一心一意谈话；当你工作的时候，就专心地工作，专注于某一刻，哪怕你就是在粉刷房间，每刷一下，也能从中感觉到快乐……

哲学家亚当斯曾经说过：**“再大的学问，也不如聚精会神来的有用。”**

只有有意识地清除头脑中那些让你的注意力分散、产生压力的想法，才能使你的思维完全进入专注的工作状态。

把你的注意力集中在最需要你关注的事情上，专注当下，就可以促使你的工作更有效率。

3　工作是生活的第一要义

工作是为了实现自己的人生价值，不单单是为了让物质生活过得更好，工作本身就是生活的一部分。一个在事业上有所成就的人，工作对于他来说并不是一件苦差事，也不是一件唯恐避之而不及的事，而是让他感受到快乐的源泉。如果一个人不能在自己的工作中得到快乐，那他的人生就会损失很大一部分乐趣。因此，一定要明白：工作是生活的第一要义。

现在社会中，许多人工作的唯一的目标就是谋生，但这并不妨碍我们从工作当中获得成就感，要知道，满足生存和追求快乐也是可以联系在一起的，我们在满足生存不得不进行的工作中，也同样能发现其中的乐趣，让自己变得更有激情。

那么，我们应该怎么样做呢？首先，不管做什么工作，都要热爱它。

俗话说:“干一行爱一行,爱一行专一行,专一行成一行。”

其次,在自己平凡的工作中寻找到一线不平凡的乐趣,让自己快乐地工作,没有任何压力才能将工作做得更好。

我们知道,实现目标会让我们感到快乐,即使这个目标并没有什么意义,就像一个人把篮球投入筐中、把足球射入门里一样,因为它是我们经过努力得到的结果,满足了我们的成就感,快乐也就随之而来了。因此,一个善于设立目标的人即使从事很乏味的工作,也会从中感到快乐。

比如一个接线员,她可以把每天记住多少个电话号码作为目标,当她实现目标的时候,自然会因此感到快乐。同样,我们也可以把增强我们的工作技能、提高我们的工作效率作为目标,我们这样做的结果将不仅仅是感到一时的快乐,还能为我们的将来提供更大的发展空间。

工作是生活的一部分,我们应该尽量把它变得有滋有味才好。只要大家不再把工作视为一件消耗时光的事,我们就会从中发现它的美,让自己享受这个充满快乐的过程。

有许多人陷入这样一个误区,并为此而深深苦恼,他们想有一份自己的事业,想实现自己的人生价值,可是从来都不行动;想成功,想赚很多钱,想建立良好的人脉关系,可是从来都不努力;想健康,想充满活力,想锻炼身体,可是从来都不运动;常常给自己设立目标,制订计划,但是从来都没有执行过……

他们也许不知道,就在自己犹豫、懒惰的时候,机会已经从他们的身旁消逝,是犹豫不决还是马上行动,这就是成功者与失败者的明显差别。

日常生活和工作中,我们经常陷于一种两难选择之中:自己和他人,现在和未来,已拥有的和将会有的……我们不停地在这些定义里来回穿梭,但却总是举棋不定,让自己苦恼不已。我们有许多时间,都在“进退维谷”的尴尬中白白地消耗着生命。

我们应该坚持自己的意见,还是听取别人的建议?我们应该关注眼前利益,还是着眼更长远的发展?我们应该怎样利用自己的时间,怎样分配我们的精力?应该制订长远计划还是短期计划?我们应该更关心自己，还是把大部分爱无私地贡献给更多的人？面对主要和次要的东西，我们究竟怎样处理才算合理？

这些问题千头万绪，归纳起来只有最重要的一点，那就是我们要学会管理时间，因为，时间就是生命就是财富。

以前听过一个两难选择的问题，假设一个人的母亲和妻子，同时被卷入滔滔的洪水之中，这个人只能在妻子和母亲之间做出选择，到底先救谁？

在这样的情况下，如果犹豫不决，只能眼睁睁地看到两个亲人都被洪水卷走，所以，必须当机立断，尽力而为，救自己能够救下的人。

有个观点叫做60/40法则，有人称之为“人生难题解决方案”，如果了解它之后，相信有很多人生难题都可以迎刃而解。60/40法则和黄金分割有密切的关系，黄金分割率是0.618，60/40法则可以说是黄金分割率的简化版。60/40法则到底是什么呢？简单地说，就是把事情分成两部分，60%放在重要的部分，40%放在另外的一部分。

现实生活中有许多人活得很累，工作很勤奋，但就是不能取得突破，原因就是因为你没有审时度势，适当地改进你的工作方法，找到最有效的工作方式。

正如富兰克林所说的：“时间是所有资源中最重要的资源之一，既无法替换也无法补救。你的时间用错了，你的使用也就到头了。”

一个不能合理地整合资源、改进工作方法的人，是很难提高自己的工作效率的。只有重视时间、节省时间才能获得人生的丰收。

不断改进自己的工作方法，既是一种珍惜时间的行为，也是一种积极向上的表现，总能把这种意识在脑子里强化并能在实际行动中力争上游的人，终究会迎来事业的辉煌！

4 将个人爱好融在工作中

对于一名投身于职场的人来说，最聪明的工作方式就是将自己的爱好与工作结合起来。当一个人真正投入到自己热爱的工作中时，他往往能够创出许多惊人的业绩。能够将爱好融入到工作中、与工作结合在一起的人，是幸福的工作者，他们会热爱自己的工作，也会不知疲倦地做好任何一件工作，这样一来，他们自然而然就能将工作做好。

人们常说“兴趣是最好的老师”，虽然兴趣和爱好并不能教给你什么实际的东西，但它们却能表明了你的工作态度，在这种态度下，你可以学到许多东西。很难想象，一个对自己的工作没有任何兴趣的人能够在工作岗位上做出业绩来；同时，一个对自己手头工作没有一点热情的人，也很难将事情做得圆满。

因此，不爱好自己工作的人就永远难以在工作中寻找到乐趣，更不能将自己的工作做好。如果我们热爱自己的工作，就要努力将它做到最完美。那些能够将自己的爱好融入到工作中的人，就会全心全意投入到工作中。这样一来，那些原本令人厌烦的乏味工作就会变成丰富且有趣的事情了。

对于大多数人来说，自己一生中绝大多数时间都是在职场度过的。如果你始终对工作感到厌恶，你就会一直生活在烦躁中，严重影响自己的工作效率。但是，换个角度来说，如果你将自己的爱好融入到工作中，你就会发现：原来工作并没有自己原来想象得那么糟糕，而且是一件非常有意思的事情。

对于自己的爱好，我们也要趋利避害。一方面对不良的爱好进行纠正，另一方面将正常的爱好加以控制。对此，我们要遵循下面几个原则：

(1)分清主次原则

对于自己的爱好要分清主次，不能本末倒置。比如，在自己年轻的时候，应该以事情为主要标准，以那些对自己事业有帮助意义的爱好为主。当然，我们可能都有自己的业余爱好，这些业余爱好有些是对自己工作有帮助的，有些是对自己的工作有影响的。此时，要选择对自己工作有帮助的爱好作为“重点培育对象”。只有这样，我们才能让自己的时间和精力充分协调，保证工作重点，让多项爱好与工作并存，积极推动自己的工作热情。

(2)趋利避害原则

兴趣和爱好有的是优秀的习惯，有的是不良的习惯。这就需要我们善于辨别是非，懂得优劣利弊，懂得趋利避害。个人爱好的优劣主要从客观效果来看。那些不利于个人身心发展，事业发展，人际关系的不良的爱好，要坚决改掉，而那些对自己工作、身心、健康有利的爱好则是优良好的爱好，我们要加以发扬。对自己的爱好一定要从小处着手，在一点一滴中注意，不能让不良爱好成为一种习惯，影响到自己的工作。

(3)保持适度原则

凡事“过犹不及”，一定要把握好一个“度”。个人爱好也是如此。即使是对自己有益的爱好，也要注意把握好一个“度”。如果超过了这个“度”，好事就会变成坏事。比如，喜欢足球是一项普遍的爱好，但如果上了瘾，不看球就打不起精神来，就会严重影响到工作，这种爱好就变成了阻碍自己发展的“拦路虎”。因此，要将自己的爱好控制在一个有益、有利、有用的程度。在情趣上高雅清新，在程度上有节有度，做到“瘾能自禁，爱不沉溺”。

(4)理智自控原则

对于自己的爱好，尤其是不良爱好，要坚决改掉，即便实在改不掉，也要理智控制。如果控制不住，就会给自己带来十分严重的不良后果。

刘小利是某家公司的技术员。3年前，他迷上了麻将，由此一发而不可收拾，经常彻夜搓麻将。妻子多次寻死觅活，警告丈夫不要再赌。有一次，他一下输掉了一年的工资，他便痛下决心，发誓不再赌博，并在当天，当着妻子的面剁掉自己一个手指以示戒赌决心。可是，时隔两个月，他的赌瘾又犯了，重涉赌场，直至弄得倾家荡产，变卖家中物品还赌债。

通过这个案例说明，人要有足够的自控能力，赌咒发誓甚至自残，都不能说明什么。人的手指头是用来工作的，不是用来发誓的赌注……

纠正不良爱好虽然是一个困难的过程，但如果失去理智，困难就会变成痛苦，这一点在工作中尤其明显。上面讲到的这四个原则，希望能够引起职场人士的注意。

如果每个人都能将自己良好的爱好融入工作之中，就会从原本枯燥的工作中寻求到乐趣，让自己能够更加热爱自己的工作，并能在不断的努力中将工作做好，创造出更高的业绩。

5 挥洒激情，奖励自己

在工作当中，学会适当地鼓励自己，鼓舞自己，是一个很聪明的做法，因为，一个小小的鼓励不仅仅可以使你身心愉悦，更能让你找到继续奋斗的勇气。

你可以试着跟自己订个合同，确立犒劳自己的方式，如做完某事后给自己买件衣服，或请家人去饭馆吃饭等。也就是说，你可以安排一件你喜欢的事情放在你厌烦的事情之后，你就有做好手头事情的动力了。

李刚是一家公司的销售经理，在刚刚进入公司时只是一个负责产品推广的业务员。但是他能努力认真的完成自己的工作，每当签到一份订单或是成功地推销出企业的一种新产品时，都会买一件礼物送给自己，通过这种方式来鼓励自己、激发自己，让自己时刻对工作都充满了激情。

每当他在商店或是别的什么地方看到一个自己心仪的东西时，他便会告诉自己："等到这次生意谈成就作为礼物买给自己。"这样工作起来就更有动力了。慢慢的，他所取得的订单、联系到的客户越来越多、范围越来越广。公司的总经理很赏识他的这种工作能力，于是决定提拔他，并且问他是什么能够让他始终都对工作充满激情。他很简单地回答说：“就是通过不断的鼓励自己，在每获得一个小的成就后就买自己心仪的礼物送给自己，这样就能够让自己时刻保持工作上的激情。

滚滚红尘，芸芸众生，在如今越来越现实的社会里，许多人学会了给别人奖励：亲人、朋友、家人、小孩、权贵……却唯独没想到奖励自己。

整日紧张兮兮、忙忙碌碌、疲于奔命、焦头烂额，透支着有限的青春与健康，克扣着宝贵的光阴与年华。

奖赏别人，有助于激发别人情商，其实，奖赏自己又何尝不是这样呢？这就像黑夜中行走的驴子，有个胡萝卜放在眼前，它一定会不知疲劳地奔跑下去。

请问你自己，你是不是一个有动机却又缺乏动力的人呢？如果是，给自己一点奖励吧。因为自我奖励是信心的源泉，是自信的肯定，同时，奖赏还是启发动力的手段，让你更为高效能的方法。

厌倦是一种正常的情绪，也是我们在日常生活中经常会经历的一种情绪。这种情绪虽然正常，但却不是我们所想要的，因为伴随着厌倦，还会有很多不好的情绪冒出来打扰你，所以在生活中我们要尽量避免。

不过这是一种很难摆脱的情绪，它总是会愈演愈烈，最终出现我们所不想看到的结果。就像做了很久的工作之后，越来越多的人会考虑换一份工作，而频繁的更换工作对其职业发展并没有任何好处。

当你一旦厌倦了自己的工作，最明显的表现或许就是做起工作来没有丝毫的激情。没有了工作的激情，自然不会有很高的工作效率。

但是，换一份工作并不见得是一个好的选择，这可能是自己在逃避。积极的做法应该是当发现自己有厌倦工作的表现时，尽快地想办法克服这种厌倦的心理，找寻一种方法让自己重新喜欢上自己的工作。

李芳菲在一家杂志编辑部工作，每个月她都做着同样乏味的事情——就是将杂志社记者采集的录音变成文字。她为了使自己始终对工作保持热情,提高自己的工作激情,就想出了一个很有效的办法,把这份无聊的工作变得很有趣。

这是个怎样的好办法呢?就是每天都跟自己赛跑,每天中午下班,她都会统计出上午打印的数量,然后争取在下午打破上午的纪录。在下午下班后,再统计出这一天打印的总数,争取第二天打破前一天的纪录。这样坚持下来,李芳菲的工作效率比别人高得多,而且有助于防止工作的烦闷带来的疲劳,还因此节省下来了体力和精神,在休息时间也得到了更多的快乐。

以上的这个简单的例子可以说明:其实,我们可以尽量通过一些刺激来慢慢摆脱厌倦的困扰。像如果你对现在的工作感到厌倦,你可以先静下来,仔细想一下这份工作对你的意义。

如果在现阶段这份工作对你还是很有意义的话,那么就试着在原本的工作内容基础上寻找一些刺激点,为自己寻找一些新鲜的东西。你可以参考以下几种途径:

(1)心理暗示法

暗示是一种心理现象,感到厌倦时,这时应该对自己采取积极暗示,告诫自己这是正常现象,先稳住自己的情绪,然后再去寻找新的工作目标。

(2)目标转移法

如果因为工作或是生活中的某一方面产生了厌倦,并且一时找不到新的刺激,那么不妨把自己的关注点转移一下,在别的方面寻找感兴趣的话题。

(3)思想交流法

心理学家称,每个人都需要而且都想和他人进行交流。有些人不想把自己的心事告诉别人,不愿意让别人知道自己内心的伤感、苦恼和委屈,这样不仅不能解决问题,还会增加自己的不安和烦躁,时间一久就会产生心理障碍。正确的解决办法就是找一个知心的朋友交流和谈心,或者在网上找一个有共同话题的网友,甚至可以对着家里的某一件物品说话,讲出自己的心事,达到消除厌倦的效果。

6 付出越多,得到回报的几率就越大

在职场中工作的人,要树立这样一个观念:绝对不要让自己对公司有所亏欠,如果你的薪水多过自己的工作表现,如果你的职位高过自己的工作能力,而你再不付出相当努力的话,就永不可能再有加薪的机会,也再不可能获得升迁了。

要知道,造物主对每个人都已经做出了一份属于你自己的"借贷对照表",从一生来看这一定是保持平衡的。所以对自己也好,对别人也好,只有努力才会得到回报。

如果你对人亲切的话,别人必然也会对你亲切相待。如果所接触的每一个人都成为你好朋友,他们就都能成为你的支持者。但是如果你与所遇到的人都成为敌人的话,不知不觉中这些人可能都会成为你的绊脚石。

如果你曾经得到过别人的帮助,无论是金钱的支持还是精神的支持,在你这一生当中一定要归还。如果没有归还的话,你就会受到别人"那个人忘恩负义"的批评而受到排斥,不会和你做第二次的交往了。

刚入职场,大家在同一起跑线上。刚开始,还不分伯仲。可随着时间的推移,也许是5年,也许是7年,人与人的距离就开始被拉开了。付出多一些的,遥遥领先;付出少一些的,紧随其后;还有一些太过懒惰的,甚至还在原地踏步。

这是具有普遍性的一个职场规律——只有你付出了,才会有收获;你懒于付出,就必然落后于人、收获甚微。

在美国的某村庄,曾有一位马夫,他从15岁那年开始赶马车,两年后,他才找到另外一个职业,每周只有不到3美元的报酬。他无时无刻不在寻找着机会,后来他又应某工程师的招聘,

去了卡内基钢铁公司上班，日薪 1 美元。由于他的勤奋好学，没多久就被提升为技师，接着升任总工程师。到 25 岁时，他已经是那家公司的总经理了。到了 39 岁，他一跃升任全美钢铁公司的总经理，他就是现在美国著名的企业家——查理・斯瓦布先生。

从斯瓦布先生的成功之路中，我们可以看到努力付出所产生的价值。如果他不勤奋好学、如果他不兢兢业业、如果他不尽职尽责……哪怕只有一种如果发生，那他也许仍是一个不名一文的马车夫。

一个人的命运是无法预测的，但是，你的收获取决于你的付出，这一点却是千真万确的。工作之于我们每个人，更像是一根伸缩自如的弹簧，弹簧能够弹跳多高、具有多大力度，往往取决于我们给它施加多大的力量。

想要得到就要先有付出，天上不会凭空掉下金子，你也别去想那些不劳而获的事，因为那是徒然的空想，永远不切实际的，天下没有没有困难的事，关键在于你如何面对困难。下面，我们来说说希拉斯・菲尔德先生的故事。

希拉斯・菲尔德先生退休的时候，他已经积攒了一大笔钱，这个时候，他突然萌生了一个伟大的梦想，要在大西洋海底铺设一条连接欧洲和美国的电缆线，随后，他就全身心地开始推动这项事业。

前期基础性的工作包括建造一条 1000 英里长、从纽约到纽芬兰圣约翰的电报线路和同样长的一条公路；此外，还包括穿越布雷顿角全岛共 440 英里长的线路，再加上铺设跨越圣劳伦斯海峡的电缆，整个工程十分浩大。

菲尔德提出的方案在议会遭到了强烈的反对，但是，最后仅以超出一票的数量通过，他总算从英国政府获得了资助。

随后，菲尔德开始了艰难的铺设工作，他将电缆一头搁在停泊于塞巴斯托波尔港的英国旗舰“阿伽门农”号上，另一头放在美国海军新造的豪华护卫舰“尼亚加拉”号上，开始了他在海底铺设电缆的浩大工程，就在电缆铺设到 5 英里的时候，电缆突然卷到了机器里面被弄断了。

菲尔德不甘心，进行了第二次试验，但是，就在铺好 200 英里长的时候，电流突然中断了。就在菲尔德即将准备命令割断电缆、放弃这次试验的时候，电流突然又奇迹般地出现了。

夜间，随着船的缓缓航行，电缆的铺设也以每小时 4 英里的速度进行，但轮船突然发生了一次严重倾斜，制动器紧急制动，电缆又被割断。但菲尔德不是一个轻言放弃的人，他又订购了 700 英里的电缆，而且还聘请了一个专家，请他设计一台更好的机器，以完成这么长的铺设任务。

后来，英、美两国的发明天才联手设计出了铺设电缆的机器，然后，两艘军舰在大西洋上会合，电缆也接上了头。随后，两艘船继续航行，一艘驶向爱尔兰，另一艘驶向纽芬兰，结果两船分开不到 3 英里，电缆再次断开；虽然把电缆接上，两船继续航行，可是，到了相隔 8 英里距离的时候，电流再次消失。

第三次接上电缆以后，又铺了 200 英里，在距离“阿伽门农”号只有 20 英尺的地方，再次断开，功败垂成之后，两艘船不得不返回到爱尔兰海岸。

这时候，几乎所有参与这个工程的人都泄气了，公众舆论也对此表现出强烈的质疑，投资者对这个项目失去了信心，不再提供资金援助。

这时候，菲尔德靠他百折不挠的精神和天才的说服力，促成了这一项目的第三次尝试。这一次，总算一切顺利，全部电缆铺设完毕，而且没有任何中断，几条消息也通过这条漫长的海底电缆发送了出去，一切似乎就要大功告成了，但突然电流又中断了。

这时候，除了菲尔德之外，几乎所有人都陷入了绝望。但只有菲尔德对他的事业抱有强烈的信心。正是由于这种坚持不懈的毅力，他们最终又找到了投资人，开始了新的一次尝试。这一次，他们买来了质量更好的电缆，执行铺设任务的是“大东方”号，它缓缓驶向大洋，一路把电缆铺设了下去，在铺设的时候，一切似乎都很顺利，但是，在横跨纽芬兰600英里的电缆时，电缆又一次折断，沉入茫茫大海。他们打捞了几次，但都没有成功。这项工作就被耽搁了，但是，这一切困难都没有吓倒菲尔德，他再次组建一个新的公司，继续从事这项工作，而且还研制出一种性能更好的新型电缆。

1866年7月13日，新一次试验又开始了，并顺利接通、发出了第一份横跨大西洋的电报，电报内容是：“7月27日。我们晚上9点到达目的地，一切顺利。感谢上帝！电缆都铺好了，运行完全正常。希拉斯·菲尔德。”不久以后，原先那条落入海底的电缆又被打捞上来了，重新接上，一直连到纽芬兰。

一直到现在，这两条电缆线路仍然在使用，而且再用几十年也不成问题。一个突发的想法激起了菲尔德的全部兴趣，以及一定要把此事完成的决心与壮志，成功依赖的是恒心与坚持，可见，天才的力量总比不上勤奋工作的力量。

做任何一件事，都需要坚持到底，只要你不放弃，不断地做下去，迟早会有收获的。成功的路就像希拉斯·菲尔德先生铺设电缆一样，如果他不能坚持下去，他就不会成功。如果不是希拉斯·菲尔德先生的多次坚持，他也不会发出第一份横跨大西洋的电报！

是的，不管你是老板，还是员工，你都有权利凭着热心和努力，去得到想要的一切事物。付出和收获永远都是相互依附的。很多人，他们无法成功，是因为他们没有认识到成功的真相，他总是想先得到自己想要的之后才付出努力。

可是，世界上的事情，哪里有那么简单的事？想要得到，就必须先付出。有一部分员工会跑到老板说：“你如果给我加薪，我一定能做得更好；

你如果把我升为销售经理，我就会变得很能干，我会把公司现在的销售额提高百分之五十。”

说这种话的人，无异于面对天空说：“神啊，请给我掉下点金子来吧！”这种异想天开于事无补，这不符合这个社会的游戏规则。

所以，在你期望得到某些东西的时候，你必须先付出努力才行，这就是人生的补偿定律。只有你先付出，才能有所收获。

如果你想成功，除了努力做好本职工作以外，你还要比别人多做一点事情。只有这样，你才能时刻保持斗志，才能在工作中不断地锻炼、充实自己，才能引起别人的注意。更多的付出，才会有更多的回报。

在我们周围有很多人，只做自己分内的工作，并将分内分外用明确的界线划得很清楚，或多做一点，就希望得到报酬。殊不知这对自己工作能力的提高是一个很大的障碍，久而久之，上司就会对你失去好感。

付出多少，得到多少，这是一个众所周知的因果法则。也许你的投入无法立刻得到相应的回报，但不要气馁，应该一如既往地多付出一点，回报可能会在不经意间，以出人意料的方式出现。

很多时候，分外的工作对于员工来说是一种考验，能够把它做好，也是能力的体现。因此记住：付出越多，得到回报的几率就越大。

7　努力工作是最好的回报

如果你抱怨同事在工作上给予你的太少，你应该仔细地想一想你对他们的关心和付出有多少。当你的同事工作中遇到困难的时候，你是不是热心地帮助他们解决；当他们在生活中遭遇不幸的时候，你是否用自己的爱去温暖他们痛苦的内心？

在工作中，我们时常会听到这样的话，“我得到的东西太少了”，却很难听到有人说：“我付出得太少了。”

大多数人都是在盘算自己得到了多少，收获了多少，却从来没有思考过自己付出过多少,奉献过多少。在这样的事情中,并不是所有的都是不公平。那些觉得不公平的人用时间和付出来衡量结果,认为自己付出了、努力了,就应该得到回报。

但实际上,一件工作的评定,并不是仅仅是按照付出和努力,最重要的依据是做事的质量和结果。很多时候,那些一直忙碌却没有得到表扬的人,做事的结果和质量都很差,他们的确是在努力,但付出的都是没有意义的努力,甚至是反方向的努力。

其实,在职场上,对自己最大的回报就是努力做好自己的工作,将自己的工作做到极致,就能够收获意想不到的回报。

几年前,小爱德华·赛克斯在美国一家药品公司做当地的推销代理工作。为了提高工作业绩,小爱德华不得不频繁地在许多药店中来回奔波。与其他药品推销员不同,小爱德华从不会劝说那些药店的主人买过多的药品,只会给他们推荐一些适量的好药。这样,小爱德华拥有了许多忠诚的老客户。即使小爱德华由于时间忙没去拜会他们,他们也会主动联系他购买药品。

在一次拜访一家新开的药店时,小爱德华遇到了一位顽固的客户,这位客户对小爱德华推荐的药品总是一口回绝。当小爱德华问客户为什么如此坚决地拒绝这种药品的时候,店主人是这样回答的:"我不是拒绝这种药品,而是拒绝你们公司的所有产品,因为贵公司的许多活动都是针对食品市场和廉价商店而设的,这对我们这样的小药店将产生很大的伤害。"听店主如此说,小爱德华只好离开了这家店。

几天后,小爱德华却突然接到了拒绝他的那家药店的电话。原来他们又打算订一批货,而且数量还不少。当小爱德华问是怎么一回事时,店主说是他店中的一位店员改变了他的想法。

原来,那位店员在这家药店就职以前,常常在一家大药店购买药品。由于他的母亲常年生病,使他对生活感到绝望。在一次购买药品时，他遇到了正在大厅里推销药品的小爱德华。当时正值药品涨价，他手中的钱已经不够给母亲买药了。小爱德华不仅替他垫付了药费，还给了他一个灿烂的微笑。

“要知道，正是这个充满阳光的微笑，使我心中的愁苦一扫而光，我从那时起决定自学药理知识，然后努力挣钱为母亲治病。现在我已经迈出了成功的第一步。”药店中的店员说起这话时脸上还洋溢着幸福的笑容。然后，店员告诉店主：“这位药品推销员一定给很多药店的店员以及顾客都留下了深刻的印象，他所在公司的产品必定也会因为他的表现而引起人们的注意，所以和他做生意一定会有收获的。”

店主听从了这位店员的建议，而小爱德华则增加了一位忠诚的客户。同时他也在一如既往地坚持与那些店员和顾客打招呼，并且奉上自己善意的关心和微笑。

对于一名员工来说，爱岗敬业、甘心付出是最基本的职业要求。那些抱怨自己得到的太少的人是否反省过，自己付出了什么？反思一下自己是否努力工作了吗？

俗话说“世间自有公道，付出总有回报”，只要你付出了就会有收获，付出和收获是成正比例的，付出多少将收获多少。

你要经常问自己，心中是否有了理想的目标？如果有了理想的目标，那么，努力工作就是你最好的也是唯一的达到目标的方法。

在与人交往中，能够为别人打开一扇窗，自己就可以看见更完整的天空。人与人相交贵在相互宽容、相互体谅，要想得到来自他人的真诚友谊，首先你应该为别人付出更真诚的关爱。

因此，生活中，不要吝啬付出我们的爱心与真诚。当我们敞开心怀对待别人时，我们得到的会是真诚的回报。

8　会休息的人才会工作

工作就是工作，休息就是休息，这两个概念是绝不能混在一起的。如果你总是把它们混在一起，那么结果只能是工作没有效果，同时身心皆疲惫。

现代社会，适应快速发展的科技步伐的同时，建议您把工作和休息分开，把回家作为这一分界点，千万不要身在家里，大脑还在办公室。

我们常在思考一个问题，那就是家的含义。有人说，当你遭遇风雨时，家便成了一个温暖的避风港，也有人说，家是爱的小屋，家是心灵的港湾，家是我们每个人都想拥有的地方；还有人说，家是吃饭最香、睡觉最甜的地方，是我们生活必需的据点，只有一家人在一起吃饭的地方，才能够称之为家……

不难发现，无论怎样来界定家的含义，有一点都是共同的——家，应该是我们累了想休息的地方。

通过以上的分析，我们不能把工作这本应该在办公室完成的事带回家，更不能是身躯在家里，大脑还在办公室里。这样的行为是对“家”的忽视，在家里，你不再是什么设计师、总经理，你只是普通的家庭一员，一位丈夫或是父亲，或是妻子……工作中的角色在办公室里才会得到更好的诠释，在家里并不适用。

完成工作后，请回归您的家庭身份，不仅仅拖着疲惫的身体，也带着自己漂泊的心，回到家，回到那让你身心都可以得到放松的港湾……

据不完全统计，不管在东方还是在西方，“工作狂”的数量都在与日俱增。美国的工作狂在过去的10年里增加了5成，日本达到7成，而中国也至少4成。

日本、中国等许多国家的老词典还把“工作狂”列为褒义词，或者中性词。很多企业老板或公司领导还误以为“工作狂”的忘我精神会创造巨大的效益，是其他员工的榜样，所以很多“工作狂”被评为了先进，成了工作骨干。

但某权威专家称，“工作狂”有时是一种心理变态的表现，在各单位的中、低级管理者中比较常见。“工作狂”不同于对工作有热情的人，其实他们并不热爱自己的工作，很难从工作中获得乐趣，他们只是拼命地工作，来对抗自己的紧张情绪。此外，他们在工作中还要求自己处处超过别人，一旦有问题或差错出现的时候，他们就会十分羞愧和焦虑，并且不接受别人的帮助。

对工作有热情的人，十分热爱自己的工作，他们能在工作中获得乐趣，偶尔犯一些小错误，他们往往会坦然接受，找出问题所在并且加以解决。他们在努力工作的同时，能够注意与上司和同事之间的配合、协调和沟通，人际关系比较好。

调查显示，尽管“工作狂”的工作量比对工作有热情的人大得多，但是工作效率和质量却逊色很多。要知道，人的身体和心灵都是有一定的接受限度的，只有丰富多彩的生活才能让我们远离崩溃。

适当的业余爱好并不是什么不务正业，它正如炒菜中的味精，虽然不是主菜的主要部分，却能改善菜色的口味。这小小的部分却是不能忽视的。因为工作而牺牲掉自己的全部业余爱好，实在不是什么聪明人该有的决定。

在日常的工作生活中，我们要时刻关注自己的心理健康，千万不要演变成“工作狂”的病态心理，为了杜绝此类问题，我们可以在以下几个方面加以注意：

(1)享受生活瞬间的乐趣。

(2)忘记最喜欢的口头语。例如“我之所以不停地做事，全是为了孩子、妻子以及父母生活得更好”等。

(3)调节自己的认知。有这样症状的人往往具有很强的事业心和责任感，所以，要降低对自己的要求和期望值，不再把工作视为自己人生价值的唯一的价值体现，在发展事业的同时，也要注意事业与家庭之间的平衡。

(4)要有意识地减轻工作压力。

(5)要注意劳逸结合。培养一些与工作不搭界的业余爱好,在8小时之外给自己安排一些有益的活动。

现在有太多的人没时间回家吃饭,即使回家也没时间休息,还是继续工作,这是一个误区,越来越多的人在这样的误区中迷失了自己人生的方向,也因此失去了人生的美好的意义。

是的,你很努力地工作,你想让妻儿老小过上好日子,可是在你一味地忙工作的同时,你已经把自己所有的时间都投入进去了,甚至占用了家庭生活的全部时间。这难道不是一种悲哀吗?

在职场,我们要成为生龙活虎的员工,回到家里,我们要承担起在家庭中的角色,做一个好父亲、好母亲、好儿子、好儿媳。

从现在开始,调整好自己的工作与休息的关系,让自己能够在快乐中工作,在轻松中度过每一天。

第二章　找对方法，成功在望

在职场中，有很多员工，他们很努力地工作，但却不能很好地提高效率，这是什么原因？问题出在哪里？这样的员工主要是工作方法出了问题！如果你想在职场中叱诧风云，那么，就先从找对正确的工作方法开始！

1　善于制订工作计划

做事没有计划的人,在做任何事情的时候都喜欢原地打转,做过的事再做一遍,反反复复,阻碍了自己前进,很难达到预期的效果。长期这样下去,就容易产退缩的念头。另外,工作计划不周密,会让自己将精力白白浪费在没有任何结果的担心上。

将自己的工作计划制订好,能让自己成为一个有效率的人;反之,你的工作效率就会在不同程度受到影响。工作计划是提高自己工作效率的最关键因素,因此,解决工作效率的中心问题是:不是工作如何努力,而是工作计划做得是否周密。

最好的竞争,是与自己能力的竞争。今天比昨天更有能力,明天比今天更有能力。久而久之,你就能成为一个高效的职场人士。

罗斯福是个全身充满精力的人,他也在用这种竞争的方式使自己尽力做事,不过他不是等别人来替他安排与他人的竞争,而是时时不断地与自己来竞赛。他把他所做的事都记载下来,然后拟定一个计划表,规定自己在某时间内做某事。

如此,他便按时做各项事务。他总是往前进,通过他的办公日程表可以看出,从上午九点钟与夫人在白宫草地上散步起,至晚上招待客人吃饭等为止,整整一天他总是有事做的。当去睡觉的时候,他能完全丢弃心中的一切忧虑思考,放心去睡觉。他每日按时去睡,而且睡得很熟。

细心计划自己的工作,这便是罗斯福之所以办事有力的秘诀。每当一项工作来临时,他便先计划需要多少时间,然后安插在他的日程表里。他能够把重要的事很早地安插在他的办事程序表里,所以他每天能够把许多事在预定的时间之前做完,而那些做事无系统的人,对于一件重要的工作,直到最后一分钟还没有做好充分的准备。至于罗斯福，譬如有人请他演讲或写文章，他会提前到2至3个月，甚至6个月，他便马上准备起来了。

他这种办事迅速的态度，使他处理问题有条有理，游刃有余，既不浪费时间又不紧张仓促。

因此，不管做任何工作，都要做一个周密的工作计划，并尽力按照计划去做。如果你手头的工作只需要一个小时就能完成，那你就在一个小时之内做好它。

千万不能一个小时的工作拖一天完成，如果你要做的事情太多，时间不够用，那你就给事情分好主次顺序，然后按顺序一个一个去解决。

许多职场人士总是感觉自己工作很吃力。其实，这并不是工作过度的原因造成的。主要原因是没有制订一个详尽的工作计划。可是，有些人总是懒得去计划，天天坐在办公室里，想起什么事情来就做什么事情，一天到晚忙忙碌碌，疲惫不堪。尽管如此，工作上却总不见起色。这就是缺乏工作计划的后果。

如果为自己制订一个明确的工作计划，你就能够为自己的时间做一个规划。将工作在计划的时间内做好，再利用多余的时间去做其他的事。能够做到这些，你就会胜过那些没有工作计划的同事们。他们就像蜗牛一样“慢慢爬行”着，而你则在职场上“快速奔跑”。

然而，如何为自己制订一个详细的工作计划呢？下面的三种方法，可以作为参考。

(1) 运筹学计划方法

运筹学计划法是制订工作计划的有效工具，在日常工作中如果运用得当，会让你的工作效率大大提高。运筹学计划方法主要有以下几个特点。

①重视模型建设。所谓的模型，就是将客观存在的问题进行逻辑上的表述。因此，建立一个严密的逻辑模型，能对自己的工作效率起到最大的帮助。

②强调目标的重要性。做任何事情，都要有一个明确的目标，没有目

标的计划就没有任何价值和意义。因此,做计划的时候一定要有一个清晰的目标。

③将工作中可能遇到的问题都以变量的形式反映在模型中。工作中总会遇到一些不可知的困难和挫折,这些是不可避免的。但要注意的是,将这些困难以变量的形式表现出来,加以量化。

④运用数学和统计方法在一定范围内解决问题。数学和统计学都属于抽象的学科。它们总是能客观反映出实际问题。因此,在制订工作计划的时候,要懂得将数学和统计学上的相关知识运用到实际中。总之,运筹用于工作计划包含以下步骤:将问题模型化;推导出解决之策;采取解决之道;得出最后结果。

(2) 滚动式计划方法

所谓的滚动式计划方法就是制订出一种能够适应各种环境、各种变化的工作计划。在做这种计划时,需要在原有计划的基础之上,每过一段时间就根据实际情况做适当的调整,从而确保目标能按计划完成。每次调整,都可以将时间向前推进一个滚动期。采用这种计划方法,可以在不同环境下按步骤地完成计划。另外,这种方法还能让自己的长期计划和短期计划生育紧紧连在一起,形成一个统一的整体计划。

(3) 以最终目标为导向

这种计划方法主要遵循"制订计划——具体规划——预算方法"这个流程。计划最开始的时候,需要由公司的主要负责人提出战略性的目标,并确定实现目标的方式和方法。"制订计划——具体规划——预算方法"最适用于有耐心和韧性的人。这种人能够以实现最终的目标为最高宗旨,通过自己一步步的努力,实现自己的工作计划。

2 协调目标,有步骤的工作

目标之间必须相互协调。同时追求多种目标时,我们必须事先化解存在于各个目标之间的冲突或矛盾,以免所获得的各种成果因相互抵消而徒劳无功。

协调目标分为两个层次,首先根源于价值的大目标之间要没有价值性的冲突,这实质上是个价值排序的问题。不可否认在实际过程中,不同目标之间的冲突是时常发生的,此时我们一定要清醒地记住“鱼与熊掌不可兼得”。

不同目标的重要价值及紧迫程度是不相同的,所以在处理这类矛盾时所要掌握的原则,就需要在目标之间依照重要性和紧迫性进行取舍或者是建立优先顺序,保留或优先解决重要及紧迫目标,使得最能体现你的人生价值的目标得到保留,得到彰显,而其他的目标应该被忽略或者仅仅是主要目标达到后再去考虑。

其次是各个大目标下面单个的小目标之间的协调、长远目标与眼前目标的协调。只有各个目标之间互相协调,不发生内耗,才能发挥最大的效率达到目标。为此,我们可以自上而下地建立我们的目标金字塔体系。

在确立某一目标时,你必须衡量实现该目标所需的总时间;其次,将这个总时间区分为若干细小的单位,以便令管理者在每一单位时间内只须照顾目标的一小部分。例如当一个长远目标要花费五年的时间才能完成时,我们可以把它分为五个“年度目标”,而每个“年度目标”我们又可以把它划分成四个“季度目标”,每个“季度目标”再继续划分成三个“月目标”,以此类推,可以产生“周目标”以及“日目标”,这就是所谓的“目标金字塔”。

学会如何根据自身条件来制订目标仅仅是成功的第一步,而在目标实现的过程中,我们要懂得如何把大目标切割成若干个明确的小目标,有的放矢地去分配时间,这才是成功达到目标的关键。

曾经有很长一段时间,科学界都一致认定:火箭是根本不能到达月球的。因为火箭飞向月球需要摆脱地球的引力,这对火箭有速度和质量的双重要求。而经过科学家的精密计算得出,火箭自重至少要达到100万吨,而将如此笨重的庞然大物送上太空根本是不现实的。

“分级火箭”的提出使科学家们豁然开朗，火箭被分成若干级，当第一级将其送出大气层时便自行脱落从而减轻了火箭的重量。这样，将火箭送上月球就不再是不可实现的幻想。

分级火箭的设计思想启示我们：学会把目标分解开来，化整为零，使其变成一个个容易实现的小目标。对于每一个小目标，我们可以根据其难易情况，合理地分配精力、时间，这样才能逐个击破，层进式地慢慢接近终极目标。

美国著名作家赛瓦里德说：“当我准备写一本25万字的书时，我从不让自己过多地考虑整个写作计划涉及的繁重劳动和巨大牺牲。我想不是下一页，更不是下一章如何去写，我想的只是下一段。整整6个月，我除了一段一段地开始外，我没尝试过其他方法。就这样，书自然而然就写成了。”

当面对明确的小目标时，我们便很容易建立起时间意识，我们更偏向于提高自己的工作效率，要求自己在较短的时间中完成一个小目标。这样，当最终目标实现的时候，你会发现自己竟然利用琐碎的时间完成了那么多重要的步骤。

人生就想一场马拉松，每个人都有自己的人生目标。但是人生目标并不是一蹴而就的，而是一个漫长的不断积累的过程。

为了人生目标的实现，我们应该设定阶段性的具体目标，把大目标分解成明确具体的小目标，把通往成功的路划分成几个里程碑、中转站，每一段都有相应的计划。只有这样，我们面对一个个里程碑的时候才不会感觉到累，目标只有具体化，才能够对成功起到促进作用，而能否具体化是空想与理想的分水岭。

很多人都有过类似的感受：在距离下班或者休息时刻还有半小时的时候，你或许已经无心投入你的工作中去了，因为手头上的项目或许还要花费你一个小时以上的时间才能完成，于是你放弃了，心想还是休息过后再进行吧，剩下的半个小时也完成不了，于是，在这半个小时中你瞌睡或者发呆，任凭时间流逝。那么为什么不把这个项目合理地分成两个阶段呢？把大目标分成具体的小目标，合理地利用休息前的这段时间，你会发现你的工作效率也会因为你的合理分配而提高很多。

很多时候，你的工作效率远远落后于那些优秀者，原因并不是在于他们真的比你优秀，而是他们比你早懂得目标分割的道理，比你早懂得时间如何正确地分配；他们也并不是比你多拥有了多少时间，而是比你多利用了一些琐碎的时间。

学会将目标分解开来，让自己每时每刻都能看到希望的曙光，让每一分每一秒的时间都合理地被你利用。如果每一个小小的目标都能够在一段小小的时间中被你高效地实现，那么成功与你之间的距离也就不再那么遥远了。

3　做一个让老板放心的人

许多职场人士都喜欢在老板面前表现自己，老板在的时候，会表现得异常积极；老板一旦离开，会立即松懈下来。这样的人看似很"聪明"，实际上却很愚蠢。因为任何一家公司的老板，都不会放心这样的人。

老板不在，不能成为你工作懈怠的理由，那些尽职尽责的员工，永远会将全部的精力集中到自己要做的工作上，不会在意老板是否在身边。

这些人眼里看到的是周围那些优秀的同事，他永远会以更优秀的员工为目标，尽自己最大努力，提高自己的能力。抱有这样心态的优秀员工，即使让全世界去监视他，他也不会有一丝紧张。也只有这样的员工，才是让老板放心的优秀员工。既然在一家企业工作，你所要做的就是做出业绩来，而不是讨好老板。因为在老板眼里：业绩说明一切！

李丽是一家软件公司的秘书，日常的工作就是整理资料，打印文件等。虽然在许多人看来，李丽的工作简单而乏味，但李丽自己却不这样认为。她觉得自己的工作非常重要，从来不敢懈怠任何一个微小的细节。时间一长，李丽发现公司的文件中存在一些问题，公司在运营上也有许多需要改进的地方。于是，李丽除了每天做好自己分内的工作外，还细心地搜集一些资料，将这些资料进行分类整理。然后仔细研究分析，写出更加合理的建议。为此，她在双休日还去图书馆查询经营方面的相关书籍。

她将自己分析后的结果和建议打印出来交给老板，老板开始的时候并没有太在意。一次偶然的机会，老板读到了李丽的这份建议，非常吃惊，他怎么也没有想到，这个年轻的女秘书居然能有这样独特的见解，不但将公司的问题分析得有理有据，所提出的建议也是一语中的。

很快，李丽的建议大部分都被老板采纳了。李丽感到自己为公司尽了一份力，心里很是欣慰。不久，老板就对李丽委以重任，破格提拔她做了公司企划部主任。

李丽之所以被公司委以重任，主要是在老板看来，她是一个值得依赖的员工，也是能够让自己放心的员工。

然而，现实的职场中，却有许多员工与李丽不同，这些人从来都是老板不来不工作，老板不走不回家。这些为了工作而工作的人，总是看似很忙碌，工作业绩却不见一点提高。这些人总是在机械般的忙碌，从来没有用心去工作。这种被动的员工，在工作岗位上大多难有成就，最终一事无成。

因此，身在职场，不能将老板不在公司当成自己偷懒的理由。相反，你更应该将老板不在，看成是一次机会和考验，趁老板不在的时候加倍努力，快速提高自己的能力，让自己尽快具有独当一面的能力。这样，你一定能在职场上出人头地。

任何一个行业都需要自觉的员工，齐格勒说：**“如果你能够尽到自己的本分，尽力完成自己应该做的事情，那么总有一天，你能够随心所欲地从事自己想要做的事情。”**

反之，如果你做事情总是带有目的性，从来不注意自己本身能力的提高，只是在应付老板，那你将很难在工作中做出什么业绩来，永远无法得到老板的真正信任和认可。而且，还时刻有被老板抛弃的可能。

一个有价值的员工，对于公司来说有着非凡的意义。因为一个能够让老板确实放心的员工，不但能够加强公司的核心竞争力，也能为老板减轻负责，让老板可以放心地将工作交给他去做。

因此，许多公司在想尽办法为自己寻找有价值的员工。因为他们知道，优秀的员工是公司的无价之宝。聪明的老板永远不会嫌自己的员工太优秀，太忠诚。很多企业管理者都认为，有价值的员工最优秀的品质就是忠诚，能够让自己放心。

美国著名管理学者肯奈逊在回答有些企业家的询问时说："你们所招募的员工是优秀的，那么你们的企业也一定是优秀的，在你的企业里，你保证他们每天都能够有新的收获，你可以因为员工经验的积累而获益匪浅。他们对你的价值今年比去年大，如果他们没有不良习惯并且一直对你忠心耿耿，无论如何你都不应该让他们离开。"可见，忠诚的员工都是能够让老板放心的员工。

在现代职场，一个员工如果让你的老板放不下心，那他就很难会信任你，更不会不顾一切去提拔你。一旦让老板发现你不是个忠诚的员工，那他不放心你是自然的，更严重的是，他可能会因此而怀疑你的人品，进而将你清除出去。

如果因为一点点个人利益就背叛了公司，你不仅得不到任何自己想要的利益，反而会受到老板的怀疑，同事的鄙夷，朋友的疏远。

在职场上，任何一个一心求财、为钱而不择手段的人，都不可能得到公司的重用，而受到损失最大的，往往是自己。因此，要时刻牢记：做一个让老板放心的员工，老板对你放心了，你的前途才会一片光明。

4 脚下暂时无路，心中不能没数

许多人在职场上都会面临困难和挫折，不管这些困难和挫折对你多么难以克服。但是,作为一名优秀员工,即使自己脚下暂时没有出路,心中也不能失去方向。如果你认为自己无能,那你就会对自己失去信心,在工作中变得懦弱,不敢突破自己心中的枷锁。因此,要将“无能”两个字从自己的字典里去掉,将自己从“无能”的桎梏中解放出来。在遇到事情的时候,要心中有数,寻找到一条稳妥切实的解决之道,拼命去努力奋斗,这样才能走出困境,走向成功。

著名企业家松下幸之助在《开路》一书中这样讲道:“不停地走下去,就能发现新的道路。”这句看似平淡的话语,是松下幸之助对自己人生经验的总结。不管做任何事情,只要能一直做下去,就能将不可能变成可能。人生就像一场马拉松,如果想让自己跑得更远些,就要对自己永远充满希望。既然身在职场,与同事就是一个团队,既然是一个团队,就要对团队成员永远充满希望。不管遇到什么困难,都不要放弃希望!

一艘出海已久的轮船在波涛汹涌的大海上不幸触到了暗礁,船体在下沉,紧急之中,大副带着9名水手跳上了救生艇。救生艇漫无目的地在大海上漂流着,10天过去了,依然看不到一丝获救的希望。许多水手都感到了一种前所未有的恐惧——对死亡的恐惧。

大副守护着仅有的半壶水,不允许任何人碰它一下。因为,有淡水,就有生还的希望。大副是唯一带枪的人,他用枪口对着9个随时有可能冲上来抢夺淡水的水手,任凭他们漫骂和咆哮。面对唯一的希望,大副要把这个希望保留下去,这是他的责任。

闹得最凶是一个秃顶的家伙,他一次次地想冲上来抢走水壶,大副一次次地用枪口对准他的胸膛,最后他只好无可奈何地回到了原来的位置上。

大副已经几天没有合过眼了,握枪的手一点点软下去,他清楚地知道,自己只有一放下枪,水手们就会上前抢走水,这样,失去了唯一赖以生存的希望,大伙都会很快地失去性命。大副感到了一种前所未有一责任压在自己肩上,但他实在有些坚持不下去了,又渴又累的他急中生智,突然把枪塞给了离他最近的秃顶,断断续续地说:"请你接替我。"随后,大副由于疲劳跌倒在船舱上。

当他醒来的时候,听到一个声音对他说:"来,喝口水。"大副吃力地睁开了眼睛,是秃顶,只见他一只手拿着水壶,另一只手用枪对着其余8个神态疯狂的水手。他紧紧地护住了水,大副欣慰地看着他,由衷地笑了。他把水推开问:"谢谢,我能坚持得住,但我不明白,你为什么自己没有喝一口水?"

秃顶局促地说:"你说过让我接替你,把水守护住是我的责任,这些水也是我的希望。我一定要护住它。"

就这样,靠着大家的坚持,也靠着半壶淡水——大家唯一的希望,大家居然都支持着没有倒下去。

两天后,他们终于等来一艘救援的船。当前来援救的船长从秃顶紧握的手中接过淡水壶时,摇了摇,里面只有小半下淡水。如果用来解渴,每人一口都不够,幸好,大副运用他的机智,给了大家保留了这个希望。

希望是美好的东西,能够激发出神奇的力量,这种力量可以使我们实现目标,完成梦想。正如故事中的大副和秃顶,他们把希望当成了一种责任,一种自己需要担负起来的责任。在最危急的关头,他们都紧紧地看护住了水,也守护住了生存的希望。正是这种强烈的责任感,才让他们在最终谁也没有喝一口水,终于在最后等来了救援的船只,获得了解救。

鲁迅先生曾说:**"用笑脸来迎接悲惨的厄运,用百倍的努力来应付一切的不幸。"**他是要告诉我们:心中有数,笑对人生!

心中有目标,就知道自己的方向在哪里;脚下无道路,就能让我们更加清醒,时刻有危机意识。这两项也是对自己认知的一个过程,也是自己人生必不可少的财富。

有人曾经做过这样一个实验,组织3组人,让他们分别向着8公里以外3个村子行进。第一组人不知道村庄的名字,也不知道到村庄有多远，只是告诉他们跟着向导走。

结果，这组人走了不到两公里就开始叫苦不迭，大家开始报怨，越往后走情绪越低落。

第二组人知道村庄的名字和路，但却不知道村庄的方向，他们只能凭借自己的经验估计时间和路。走到一半的时候，大家已经感觉非常累了。一些有经验的人判断说：“我们走了大概一半的路了。坚持一下，应该很快就到了。”结果，当走到全程的四分之三时，大家都感到疲惫不堪了。那些有经验的人又鼓舞大家说：“前方不远就到了，大家坚持住。”于是，大家又振作起来，继续前行。

第三组人不但知道村庄的名字、跨度、方向，而且知道每隔一公里就有一处标志。于是，大家兴奋地走在路上。每看到一公里处的标志，大家都异常兴奋。结果，大家一路情绪高涨，哼着小曲，很快就到达了目的地。

可以看出，当人有希望和目标的时候，就会有前进的动力，就能将一切困难轻而易举地踩在脚下。因此，一个人即使遭遇困境，脚下无路，心中也要有数，懂得坚持不懈，这样才能到达成功的彼岸。

5 明确的目标是成功的导航灯

当你有一个明确的执行创业目标，并且决心实现它时，你的精力就会源源而来，不但消除了你的无聊和厌倦，甚至可以创造奇迹。可以说，明确的创业目标价值连城。

我们普通人工作一天不停地喊自己累，而绝大多数成功创业者一天工作的时间远远超过了普通人，成功创业者永远不会抱怨工作太多，因为他们永远望着特定的创业目标，因而增加了许多活力。

当你追求自己的需求目标时，很容易产生达到目标所需的能力与热忱，并且引导你的潜意识对人生的目标产生自动调整的能力。

有一位父亲带着三个孩子到海边去捕鱼，他们到了海边后，父亲问老大："你看到了什么？"

老大回答："我看到了渔网、鱼，还有一望无边的大海。"

父亲摇摇头说："不对。"

父亲以相同的问题问老二，老二回答说："我看到了爸爸、大哥、弟弟、渔网、鱼，还有大海。"

父亲又摇摇头说："也不对。"

父亲又以相同的问题问老三，老三回答："我只看到了鱼，不过它们暂时还在大海里游泳，我的目标就是捕到它们。"

父亲高兴地说："答对了。"

可见，任何一个人，只要能够朝着一个方向前进，要获得一定的成就，就一定要发现或搞清楚你的人生目标是什么。你的人生主要目标，应该是一个你终生追求和方向，你的生活中的事情都围绕着它存在。有了目标，也就有了方向，朝着这个方向努力，成功就可以期待。

创业成功的人，可能会有这样的体会，即明确固定的创业目标所产生的最令人惊讶的作用，就是维持正确的方向，不会走入岔路。

其实，这种现象有其科学的道理。当你追求目标时，目标会不知不觉进入你的潜意识中。而潜意识能经常自动保持平衡，显意识却无法做到这一点，除非它能配合潜意识。

一个人如果缺乏潜意识的指挥，很容易犹豫不决，见异思迁，但是，既然你的目标已经进入你的潜意识，你就会自动地向既定方向前进，让意识做清醒的思考，进而创造出你意想不到的人间奇迹。

设定目标的时候一定要具体，可量化。如果不具体，就很难衡量，会降低你的工作积极性，一个不能被量化的目标是很难激发员工积极性的。

当许多企业对出口创汇引以为荣的时候，海尔集团 CEO 张瑞敏却说："从最初的时候开始，海尔就没有把国际化和出口创汇等同起来。"他为海尔逐步实现国际化订立了明确的目标：实现"三个三分之一"，即国内生产和国内销售三分之一,国内生产和国外销售三分之一,国外生产、国外销售三分之一。

正是有了清晰明确的目标,海尔集团逐步扩张,发展得有声有色。可见,有了明确的目标,工作就有了方向。如果没有目标,生活就会变得空虚。

那些没有目标的人,总是感受不到生活的任何乐趣。成功者总是在不断完善自己目标的过程中,将事业越做越好。

不管我们做什么样的工作,都必须瞄准目标前进。目标要专一,不能三心二意,这不但耗费精力,而且不利于目标的实现,到最后很可能一败涂地。人的精力是有限的,应该把注意力从纷繁复杂的事情中解脱出来,集中力量在最重要的事情上,这样才能尽快出色地完成任务。应该清楚地告诉自己,你将全力以赴投入到最重要的工作中,摈除一切干扰,在工作完成之前绝不能三心二意,就像打靶一样,迅速瞄准目标,将精力集中于一点。

1965 年 9 月 17 日,世界台球冠军争夺赛在美国纽约举行。路易斯·福克斯的得分一直遥遥领先,只要再得几分便可稳拿冠军了,可就在此时,他发现一只苍蝇落在主球上,他挥手将苍蝇赶走了。可是,当他俯身击球时,那只苍蝇又飞了回来,他起身驱赶苍蝇。但苍蝇好像有意跟他作对,他一回到球台,它就又飞到主球上来,引得周围的观众哈哈大笑。

福克斯的情绪坏到了极点,终于失去了理智,愤怒地用球杆去击打苍蝇,球杆碰到了主球,他因此失去了一轮机会。

福克斯方寸大失,连连失手,而对手约翰·迪瑞越战越勇,最后夺走了冠军的头衔。第二天早上,人们在河里发现了路易斯·福克斯的尸体,他经不住这样的失败打击,最后投河自杀了。

要夺取冠军,关键是要专心地击球,而打苍蝇这样的事,是与目标没有直接联系的小事,完全不应该被纳入到事件安排中来,更不应该把它的重要性置于击球之前，以至于因小失大，影响到关键事件，最终自己坏了情绪，乱了分寸而遭遇失败。

如果一个人没有了明确的目标，行动就可能出现偏差，导致失败。一旦失败就会丧失希望，没有了希望，他就没有了生活下去的勇气。因此，计划是希望和目标的体现，它包含着人们对未来的憧憬和对前途的思考。

明确的目标是人生的指南针，职场上的那些成功者，大多都是目标明确的人。

6　六个技巧增强你的职场竞争力

每个职场人士都希望自己拥有过硬的职场竞争力，也都希望自己能够在工作中学会更多的经验，在职位上得到晋升。其实，增强职场竞争力是有一些技巧的，运用好这些技巧，快速晋升就会变得相当容易。

下面的这六个步骤，是许多人想要快速晋升的"葵花宝典"。

(1)向领导表白自己的目标

如果你想要升职，就要让你的领导知道，自己清清楚楚地把自己的目标告诉他们，让他们做到心中有数。

小玉在一家财务公司工作了两年，前两天，小玉接任了客户服务经理。然而，在开始工作之后，她发现，因为上司的工作很忙，忽略了一个重要环节，没有给客户设计培训教材。小玉发现了这个问题之后，马上向领导主动请缨，要求自己亲自动手设计，领导就把这项工作交给了她。

领导抱着试试看的心情，把这个工作交给了小玉。小玉接下这个任务之后，不敢怠慢，整天泡在图书馆里查资料，不仅写出了很新颖的培训内容，而且还亲自设计了很漂亮的封面，当这份培训教材出版之后，深受客户的欢迎，没隔多久，小玉就被提升为总公司业务部经理。

(2)未雨绸缪解决难题

在职场上，你需要用自己的能力证明自己。你要明白，一旦你升职了,就意味着你要承担更多的责任。你要学会充分估计到工作中所面临的困难,做到未雨绸缪,这样防患于未然的做法,要比亡羊补牢强之百倍。

崔丹是一家跨国公司的人力资源部经理,她上任之后,发现企业中存在很多问题,很多职工工作了几个月,并未签订劳务合同。根据新《劳动法》规定,如果工作超过一个月时间,尚未签订劳动合同,企业将要赔偿职工每月两个月的工资。

崔丹发现了这个问题之后,及时与主管人力资源的副总沟通,及时解决了这个问题,避免了公司劳务纠纷的发生。

(3)提出建设性的意见

那些对上司唯命是从的人,永远都得不到重用,只有在工作中有自己的见解,敢于表达不同的观点,并因为自己的见解,让公司避免重大损失的人,才会受到领导的青睐。

青青是一个工业产品外观设计师,工作非常出色,她设计的产品虽然多次获得外观设计大奖,但是,很多产品刚刚上市,就遭到了多家对手公司的仿效。最后,公司被迫与对手大打价格战,虽然产品畅销,但却不能获得更好的利润。

青青看到这个问题之后,向领导提出了一条建议,为新产品设计申请外观专利保护。这个建议得到了领导的高度重视,自从申请了外观保护之后,公司的产品不再被模仿,从而使企业获得了很好的利润空间,从而走上良性发展之路。

(4)全力以赴协助上司

许多上司都背负了更大的压力,他们急需要一个人来帮助他们分担自己的压力,如果是一个优秀的下属,就会懂得有效地帮助领导分担一部分压力,从而得到他们的认可。

张明是一个物业公司的物业管理员,他的工作就是跟业主打交道,所以,这是一个非常吃力不讨好的苦差,在张明上任之前,经理已经辞退了很多人,也有一些人,是因为不能跟领导很好地配合工作,主动辞职了。

张明的工作就是给业主打电话，征求业主的意见，在打电话的过程中，也经常遭到业主的谩骂和斥责。但是，他总是很有耐心地倾听，然后，再从业主们的满腹牢骚中发现业主反映强烈的问题，归纳出几条，转告给经理，请领导解决。

由于张明工作态度非常积极，他对自己负责的业主了如指掌，经理也通过张明总结出来的多种意见，熟谙不同业主的要求。两人很快携起手来各施所长，原来一直困扰物业公司的“瓶颈”——收费问题很快得到了很好的解决。

后来，张明成了老板不可缺少的助手，多年来，他俩一直相互帮助，关系融洽。后来，当老板改行做房地产开发的时候，他主动提出，自己投资让张明自己做一家物业公司，接手他开发的楼盘。后来，张明不仅与原来的老板成了好朋友，同时，他们也成了生意合作的伙伴。

(5)设法自己创造职位

如果单位里一时没有合适的职位，你可以为自己创造机会，找个合适的职位升上去。

萨克斯顿在著名的传播机构贝尔·霍韦公司任职时，一名高级管理人员要对公司众多分支机构进行分析，拟定计划以协调它们的工作。萨克斯顿把注意力集中于维尔丁电影制作公司，虽然该公司一直在亏损，但是萨克斯顿知道它可以扭亏为盈，为此，他提出一个具体的市场开拓计划，建议维尔丁公司卖掉电影制片厂，将业务集中在咨询顾问及推销新产品上。上司对此大为赞赏，当即把萨克斯顿提拔为维尔丁公司副总裁，主管市场开拓。不到一年工夫，他就使维尔丁公司芝加哥分部开始盈利。萨克斯顿用实绩向公司管理层证明了他的能力，从而为自己创造了一个更高的职位。

(6)赢得同事们的信赖

同事之间朝夕相处，想要在职场上得到晋升，需要得到同事们的认可和信赖。只要与他们打成一片，在同事中获得了很好的声誉，那你晋升之路就容易多了。

小杰是一家肉类加工公司的主管。对他来说，同事们的支持至关重要。过去20年来，他是从生产线上开始，一步步晋升到高级管理层的。

小杰以前经常代表大家与领班谈判，解决纷争，员工们都十分信任他，正是这种信赖使得他屡屡升职。公司管理层深知，凭借他在员工中的威信，小杰完全可以当一名干练的经理，所以他因此得到了公司的重用。

7　让自己成为职场中的“金子”

小菊在校时是学生会主席、《小圆时报》的主编，其间，在报刊上发表了十几篇诗歌、散文等，这些使她的内心升腾起一丝强于他人的优越感，在她的心目中，进报社当一名记者才是最得意的职业。然而，她的这种感觉很快被现实击得粉碎。当她走进人才市场时，方才感觉到自己渺小得就像大漠中的一粒沙子。

经过在当地数次应聘的碰壁，她很快从失意中变的现实起来。在校就业办的指导下，随同其他毕业生，到深圳一家外企应聘，应聘职位虽然是公司的办事员，却招来了40多位应聘者。面对众多竞争者，面试时，她倒坦然了许多，心想自己除了怀揣的那十几篇文章外，其余一无所有，以平和自然的心态迎接面试，结果反而出乎意料地获得了通过。

上班后，老板告诉她：“你之所以被录用，是因为你的与众不同之处就在于实实在在，没有夸大自己，本公司需要的就是脚踏实地、为公司默默奉献的人。”

小菊清楚地知道，在出入办公室的人员中，自己是处在最底层的人。每天都要早到40分钟，把走廊、老板办公室打扫得干干净净，把文件、资料、报刊等整理得井然有序。

上班时间干的净是些诸如起草文件、接听电话、收发、打印、端茶倒水之类的琐事，就这样她任劳任怨、一丝不苟地把工作做得扎扎实实。

同时，业余时间仍没忘记自己的写作爱好，在将近一年的时间里，又有十几篇文章见报了。此时，同在深圳打工的同学多次劝她跳槽，辞掉这份工作。但她没往心里去。

一天，老板突然叫住她，宣布了一项令她大吃一惊的决定："从明天起，你就是公司文化部的副经理兼公司报纸的主编了。你进公司以来的表现是值得称赞的，你的文字功底也是公司用过的秘书做得最出色的。虽然你的学历低了点，但依你的能力加上脚踏实地勤奋工作的精神，足以胜任此项工作，本公司不是以高学历取人、用人，而是以实绩取人、用人。"

虽然是主办公司的报纸，这已使她感到幸福无比了，经过一番摔打的她毕竟干上了自己梦寐以求的职业。

小菊的职场经历，再次表明这样一个道理：是金子总会发光的，只要能够永不放弃，能够等待机遇，总有一天，你总有一天会"发光"。

但是，想要成为职场职场中的"金子"，需要具备多方面素质，下面所列举的几个素质，可以作为参考。

(1)要时常存有危机意识

小栗是做手机游戏研发的，水平很高，工作也努力，待遇自然不菲，这让身边辛苦奋斗的朋友们都非常羡慕。小栗却并不以为然，他在工作之余，学习了大量的软件知识，并考取了软件工程师证书。

第二年，公司的业务发展遇挫，公司营业额大幅下降。不得已，公司不得不裁人，小栗也自然不能幸免。幸好小栗之前考过软件工程师，他离开那家企业以后，很快就进入了一家大型的软件企业担任部门主任，待遇比之前提高了好几倍。

可见，职场中人要时刻存要危机意识，能够时时提高自己的能力。这样，当真正的危机到来的时候，自己才能够平安地度过，不至于陷入困境。

(2)工作充电两手抓

小温是一家图书公司的部门经理，他白天工作，晚上自学英语、学开车，样样都学得有模有样。他知道，现在自己工作稳定，但要在工作之余，多学一些技能，这样才能在激烈的竞争中立于不败之地。

此外，他在单位工作的时候，也能主动做许多工作之外的工作，这令公司上下都对他印象不错。这事不久被公司的董事长知道了，他提拔小温做了公司的市场总监。后来，公司有一次出国参加书展的机会，董事长也第一个想到了小温，派他出国参加书展。

可见，职场中的充电与工作是同等重要的。许多职场人士不喜欢工作之余提高自己，只想着吃喝玩乐了。这样，他们很难得到更大的发展。俗话说“艺多不压身”，当相同的机会摆在面前时，谁的能力更强，谁的胜算就更大。因此，及时为自己充电，是非常必要的。

8　找到适合自己的工作模式

找到一份适合自己的工作，不但能让你事业获得成功，而且能让你明白生活的意义。

对于一个职场人士来说，需要在不断的实践中找到适合自己的工作模式，并按照自己的工作模式坚持到底。这样，才能在职场上做出惊人的业绩。

一个适合自己的工作模式与金钱荣誉没有任何关系，纯粹是自己的个人感觉。不想竭尽全力的人总会不停地发牢骚：“这个工作太难了，我根本就不可能将它做好。”

有这样的想法的人，大多是找不到适合自己的工作模式。如果找不到适合自己的工作模式，对工作就提不起兴趣来，生活也就失去了方向。

著名的探险家南森说：**“人生最重要的是找到正确的目标，工作最重要的是找到适合自己的工作方式。”**

那么，如何才能找到适合自己的工作模式，让自己感受到工作中的乐趣呢？这需要在日常工作中勤奋努力，发挥出自己最大的个人价值，培养自己专业的职业素养。不然，就会感觉工作死气沉沉。不管你处在什么样的环境，做什么样的工作，只要专心，耐心，寻找到最适合自己的工作方式，就会感觉到工作中的乐趣，就会热爱你的工作。

工作的真正意义正是从乐趣中感受到成就感。如果缺乏热情，没有活力，就会成为一个平庸的人。

在工作的时候，需要在不断的探索中寻找适合自己的工作方式，将自己全部精力和满腔热情投入到工作中，这样才能感受到工作带给你的价值。

其实，职场上从来不存在天才！任何一个人，能力都是有限的。即使是公认的最优秀的人才，他们也是通过自己在一点一滴的工作中不断总结、不断进步的结果。因此，所谓的“精英”只是某一方面比别人强而已；所谓“天才”，也只是在不断努力中于某一行业比别人强一点点而已。

但是，需要注意的是，建立优秀的工作模式，需要克服的最大毛病就是“事必躬亲”的毛病。

然而，要改掉这个毛病并不是一件容易的事情。因为越是有能力的人，越是具有较强的自信心，他们对自己能做什么很有把握，而对他人能做什么却不太放心，于是成为了让他人干不如自己干的事务主义“殉职者”。养成了事必躬亲的习惯，这种精神未必可嘉，方法更属不当。

造成事必躬亲的原因很多，主要是在于：首先不知道时间运筹术，也就是说不知道自己有多少时间，不知道过多地把工作包揽到自己身上能否胜任，不知道有些琐事由自己来做值不值得；其次是按自己的行为模式要求他人，错误地注重表现而忽略了结果，不适度地要求别人，自然就会产生不信任感；再次，就是只看到节省时间于一时一事，只看到自己动手可以免掉督促、检查的时间，没有看到一旦让别人去做，再碰到类似的工作，就可以不再亲自动手，最终会为自己赢得更多的时间。

要做到避免事必躬亲，首先，你必须明确你自己有多少时间，在这些时间里，你能做多少事情，哪些事情是不用你亲自做的。

其次，你要相信你自己，也要相信别人，相信你的下属和你的同事，世界上不只你一个人有能力去做成这件事情，要相信你的下属和同事也能把事情做好。并且，你要接纳别人的工作方式，虽然别人的工作方式可能跟你不同，你可能很不喜欢，但是，“不管黑猫白猫，抓住老鼠就是好猫”，只要事情最终能办妥，就不要在意那么多。再次，你可能会觉得把事情交给别人后，你还要花时间去监督检查，但你要意识到，这样花费的时间要比你自己去做少得多。而且一旦别人做过一次这样的事后，在遇到同类的事，你就可以放心地交给别人了。

世上任何一个人都做不完所有的事情的，所以，为什么不让别人帮助你呢？摆脱事必躬亲的恶习，让你的工作效率加倍。

改掉这个坏毛病，你要建立适合自己的工作模式就容易得多了。在人的一生中，能找到一份适合自己的工作是非常重要的。有了适合自己的工作，最关键的就是要建立一个适合自己的工作模式。

想要寻求一个优秀的适合自己的工作模式，需要我们在工作中不断为自己寻求定位。不管有多么困难，都要努力去寻求。不能因为失败而放弃，也不能因为一时成功而得意忘形。应该坚定信念，不断探索，不断尝试。也只有这样，我们才能在工作中不断成长，不断进步，不断向着更美好的未来前行。

第三章　工作态度决定你的职场前途

如果你希望获得成功，那么先要问自己，你对你的工作是否充满了巨大的热情？如果你具有积极的工作态度，并且在工作中善于思考、勤于发现问题，那么，你将最快获得老板的认可与提升。态度决定命运，命运决定未来，如果你希望改变命运的程序，那么，就要先从改变工作态度开始……

1 养成主动工作的习惯

有什么方法可以消除你在工作中的懒惰和拖延呢？最好的方法和途径就是养成主动工作的习惯。生活中经常会看到一些人神色匆忙，被事情弄得手忙脚乱，经常跟人抱怨说："怎么办？时间不够，完不成了，这事太急了！"我们真的有那么多急事吗？事实上，所有的"急事"都是拖延造成的结果。

你仔细回想一下，你现在所做的急事是不是你几天前或者一个星期前就应该做的事情？现在你知道了吧，从你小时候开始，你就有了这样的习惯。在家里时，等爸爸妈妈回来的前几分钟才慌慌张张地整理杂乱的房间；做作业时，总是拖到要交的前一个晚上才熬通宵来写；考作文时，总是拖到考试结束前的五分钟才胡乱地写上一个作文结尾；到了上班的时候，总是拖到快迟到的时候才走出家门，然后在路上飞奔；做项目时，总是拖到最后一刻再做修改。这样的事情很多很多，数不胜数。

其实，这些事情都是你在之前有充足的时间去做的，只是被你一味地拖延，拖到最后时间快不允许了，才成为你不得不做的"急事"了。

这样做所造成的后果是什么呢？那就是你浪费了宽裕的时间，却弄得你经常手忙脚乱，老是觉得时间不够。这些"急事"不但弄得你格外疲惫，而且在那么紧迫的时间内，你所处理的事情的效果自然大打折扣。

那么，我们怎么逃出这个怪圈呢？要养成主动工作的习惯，改变因为害怕失败而一拖再拖的习惯。养成主动工作的习惯之后，你不但会觉得轻松，而且会提高做事的效率。轻轻松松的提前完成工作，何乐而不为呢？

一个勤奋且主动工作的人，会得到领导的依赖和同事的赞赏，而那些喜欢拖延的人则常常让人疏远，不愿靠近。拖延，简直来说就是对我们宝贵生命的一种无端浪费，但是这样的行为却在我们的工作和生活中不断发生，如果把你一天的时间记录下来，你会发现，拖延不知不觉地消耗了你大部分的时间。

因此，想要养成主动工作的习惯，最重要的一件事就是将拖延这个恶习将你的生活中彻底去除。下面这几种方法不妨试一试，或许它们能让你克服拖延，培养主动工作的素质。

(1)每天确定一项明确的工作任务，在你的上司尚未指示之前，你就主动去把它做好。

(2)每天至少做一件对他人有价值的事情，不要在乎是否有报酬。

(3)每天告诉别人养成主动工作习惯的意义，至少告诉一个人以上。

主动工作是一种习惯，它需要慢慢培养。主动工作包含了诸多优秀的素质，如智慧、热情、信仰等。

有一位年轻人，想发财想得发疯。一天，他听说附近深山里有位白发智者，若有缘与他相见，则有求必应，肯定不会空手而归。于是，那年轻人便连夜收拾行李，赶上山去。他在那儿苦等了5天，终于见到了那个传说中的老人，便向老者求教。

老人便告诉他说："每天清晨，太阳未升起时，你到海边的沙滩上寻找一粒'心愿石'。其他石头是冷的，而那颗'心愿石'却与众不同，握在手里，你会感到很温暖而又会发光。一旦你寻到那颗'心愿石'后，你所祈愿的东西就可以实现了！"

每天清晨，那青年人便在海滩上捡石头，发觉不温暖又不发光的，他便丢下海去。日复一日，月复一月，那青年在沙滩上寻找了大半年，却始终也没找到温暖发光的"心愿石"。

有一天，他如往常一样，在沙滩上捡石头。一发觉不是"心愿石"，他便丢下海去。一颗、两颗、三颗……突然，"哇……"青年人大哭起来，因为他突然意识到：惯性地扔出去的那块石头是温暖的——当机会到来时，如果麻木不仁，不能专注，就会和它失之交臂。

每个人一生中都会遇到机会。当机会到来的时候，要主动抓住它。

职场中也是如此，当一次机会降临到你头上时，你要努力抓住它。但需要注意的是，机会永远属于那些主动工作的人。

因此，我们要做一个主动工作的人，能够以积极主动的态度去面对工作，迎接工作中的每一次挑战。只有这样，我们才能在职场上有所作为，实现自己的人生理想。

2 尽心竭力，永不放弃

一个人的精力是有限的，一生中能够成就的事业也是有限的，要想成为一个面面俱到的高手是不可能的，因为你把时间用在了这件事情上，在另一件事情上花费的心思必然就会减少，如果自己有很多目标，今天想当音乐家，发现自己嗓音不行，就转而去办企业，从一个平台转到了另一个平台，这样做下去，却没有技能的累积，自己的真正优势可能永远停留在“半瓶醋”的水平上，根本没有得到提升，这样怎么能成就事业呢?

身在职场，不管你从事的是什么样的职业，只要你确定了自己的目标，就要勇往直前，永不放弃。当你放弃了自己的目标的时候，就等于和成功告别了。不放弃，才有可能实现你的目标，拥抱成功。

现在的职场，许多人都忙忙碌碌，遇到困难或不顺心的事，放弃的人大有人在，这些人放弃的理由大多会是：不喜欢某位同事、讨厌某个领导、觉得没有信心、工作太累受不了、家住得太远上班不方便、公司的办公环境很差、待遇不大满意等。可是，如果能够坚持下去，不轻言放弃，你肯定会看到自己成功的那一天。

小李是学软件开发的，他从一家软件公司辞职后，来到一家二三百人的小工厂上班，这地方和他原先工作的那个大公司相比，简直太不值一提了。小李真是有点进入“黑工厂”的意味，而他之所以能下决心来，主要是看这个工厂很有发展前途，对他而言有着很宽的发展空间，也就是自己的那些专业技能可以派上用场，更主要的是这些技能是其他人不能随随便便就能替代得了的，因为老板让他自己动手设计一套工厂的管理软件。

这家企业的人事架构非常模糊，工作上的事情似乎每个同事都可以指使别人做事，每个同事又都似乎不能指使别人做事，因此，一件工作，往往就像踢皮球般地踢来踢去。

刚进来时，小李由于某些基本功还不是很扎实，所以工作很有难度。虽然有点勉强，但机会不等人。为了能把握着这么好的机会，他只能硬着头皮，心里只一个念头，那就是："我一定行。不管多深的坑，我都要咬牙跳过去，何况我如此年轻呢？"

人的潜力说真的，确实是无穷尽的，就看你会不会把这个潜力给挖出来，被"逼上梁山"的小李，虽然是一路歪歪扭扭，但是毕竟把这段路走了过来，正当他暗自庆幸时，一个同事见小李在公司的表现比较深得老板信任后，开始给他"小鞋"穿了，除了找他麻烦之外，还时不时阴阳怪气地对小李说："你这个软件怎么搞成这样啊，老板肯定不满意。"

"你再做不出来，老板就要退掉你。"

"老板说，你做好了就不需要你了。"

"你现在住的这一套房，老板说如果有新人，就要和你一起住。"

更有人用不信任的口吻议论道："不会吧，我们这套管理软件是他一个人在搞？"流言就这样像把利剑直刺小李那颗脆弱的心。

然而，生性倔犟的小李，有一股冲劲，他硬着头皮认认真真地做好每一天要写的代码程序，只要老板不说让他离开，他就好好的做好自己的工作，并且坚信自己的努力一定会得到回报。最后，小李的坚持的结果没有白费，由他编写的管理程序开始应用之后，老板非常满意，而且答应他，如果在这里工作满十年之后，现在借给他的那套住房就会送给他。小李心里有说不出的高兴，终于看到了自己坚持工作的结果。

可见，工作中遇到困难，能够坚持下来，就会收到意想不到的结果。这样的成功，也是最令人欣喜的。那些喜欢放弃的人，在一次次的放弃后，自己的人生也会被多次的放弃弄得支离破碎。

老王在1999年的时候正赶上县域企业的股份制改造，他顺利地成为一家改制企业的股东，并且进入了董事会。当初也就是投入了不足一万元现金，刚开始转产，前途莫测，条件非常艰苦，他与董事会的几个董事不合，终于有一天愤然离去。

到今天，除老王外的其他董事会成员都在坚持，如今每人每年工资、奖金加红利近二三十万，而他的收入远远达不到这个水平，甚至仅仅维持在月入千元的水平。老王现在非常后悔，常常感叹说，都是自己当初的放弃害了自己。

不管是一家企业，还是一个人，都要学会坚持，学会在坚持中寻找机遇。因为，放弃不但不能让自己获得成功，还是一种懦弱无能的表现。

在别人都已停止前进时，你仍然坚持着；在别人都已失望放弃时，你仍然进行着，这是需要相当的勇气的。使你得到比别人较高的位置、较多工资，使你超乎寻常的，正是这种坚持、忍耐的能力，不以喜怒好恶改变行动的能力。

那些不能够坚持、过早放弃的人，永远不会成为职场上的强者。那些为了提高几百块钱待遇而放弃了自己工作的人，可能会永远成为失败者。因为，只要是在职场打工，其本质永远一样，都是在靠自己的汗水换钱花，哪里都是一样的。

只有坚持，才能走出一片天地来。

3　未雨绸缪，做好危机防范

在工作进程中，我们无法排除一些意外事件，半路杀出的“程咬金”往往会打破我们的计划,如果我们事先没有考虑到它们的存在性和危害性,当它们真正发生的时候,就会消耗很多正常的工作时间,从而拖延了整个工作进程。

所以,在制订一份时间计划的时候,还要学会未雨绸缪,要想好对策,为这些可能会发生的“意外”安排出处理的时间,做到有备无患。

预则立,不预则废。做好预见是人们处理问题的一个主要手段。很多人或许觉得提前推测意外情况,未雨绸缪,做好对策是浪费时间的表现。他们错误地认为那些意外都是小概率事件,发生的可能很小,不必要消耗人力、物力、时间来提前想好对策,当事情发生的时候再想也不迟。

事实上,提前去想完全是有必要的。预见性之所以重要,正是在于它能科学地预测到事态的进展,以便我们能实现做好安排,从而使得我们的工作开展起来紧凑高效,有条不紊。

天有不测风云,做好“未雨绸缪”不但不是浪费时间的表现,反而是对计划表的一种完善。在制订一份时间表的时候,要综合平衡,理顺关系,减少盲目性,增强预见性,这样安排人力、财力、物力才能做到全面而合理。许多人在计划制订的时候,都忽略了预见的重要性和全面性。他们或许被计划表的条条框框蒙蔽了双眼,预见了成功却没有预见期间的一些挫折、损耗。他们做不到未雨绸缪,看不到长远的利害关系和事情的发展趋势,就很可能在前进中会遭受挫折,这样反而会使工作搁置不前,浪费他们更多的时间。

实质上,只有预见性才有计划性,一份不具有预见性的计划只能是痴人说梦,把人引向歧途或者把整个时间计划打乱。所以,要学会高瞻远瞩,培养自己预见的能力。

在现代社会,社会生活节奏加快,各种情况瞬息万变,更加需要我们具有对事物的预见能力。而对事物的预见能力并不是凭空产生的,正确的预见实质是深刻分析和认识的延伸。预见是建立在深刻分析和认识的基础上的,要提高自己的预见能力,功在平时的积累。

首先,这就要求我们平时注重构建自己合理的知识结构、优良的智能结构、完整的素质结构;其次,要求我们增强角色意识,“先天下之忧而忧,后天下之乐而乐”,而不是“当一天和尚撞一天钟”;此外,我们还要掌握科学的预测方法和工具,注意培养自己多元思维的能力,注意培养自己的时间观念,深刻体会预见对于时间的重要性,这样我们建立起来的时间计划表才具有可实施性,在这样的计划表的指导下,我们才能按时完成任务。

预防问题胜于解决问题,在这方面最为成功的典型之一要数美国杜邦公司。

200 多年前,杜邦还是一家专门制造火药的公司,如今杜邦已成为全球 500 强之一,杜邦公司的安全防范制度成为各个企业学习的榜样。

杜邦公司有其专门的安全生产管理咨询公司,并且制订了多条安全健康原则,以及不同岗位的实施细则。同时,杜邦还注重培训员工安全工作的意识,安全意识在杜邦已经成为一种强有力的文化,渗透进员工日常工作、生活的每一个细节当中。

例如,杜邦德国工厂的经理和助理每天早上碰面讨论的第一件事就是回顾过去 24 小时工厂的安全情况,而不是生产情况。管理员每天一定时间的安全监督在很大程度上避免了事故的发生,这在无形中为公司节省下很大一笔支出,如安全赔偿、诉讼费用等。

由于对安全的重视,杜邦公司自成立以来从来没有发生过一起事故,这为工厂节省了上百万美元的直接费用,节省的间接费用就更不用说了。与此同时,安全生产保证了产品的质量,密切了供应商和客户之间的关系,使员工的热情和凝聚力增加,工作效率提高,这些相关效益都是无法用数字来衡量的。

杜邦公司通过危机防范,防患于未然,取得了巨大的业绩,才成长为全球 500 强之一的著名企业。

“预防远胜于治疗”,这是杜邦自己在运作中所得出来的经验,即解决问题所消耗的人力、物力、资源、时间要比预防问题所付出的人力、物力、资源、时间多出一倍。时间是无价的，尤其是对于赢利机构而言，单位时间赢得的利润才是计算企业赢利的依据。

可见，预防问题比解决问题能节约巨大的资源和时间，把未知的无法估量的可能损失，变为有限的投入，化被动为主动。这对我们进行时间管理有重要的启发。在时间管理中，最怕的无非是危机事件的插入，会额外地消耗掉我们更多的时间。由于这段时间没有在我们的计划时间表中，因此会对我们的整个进程造成无法估计的麻烦和拖延。

尤其是对于那些对时间要求苛刻的工作进程，一拖再拖只能造成恶性循环，最终导致工作的夭折。所以无论是在日常生活中还是在工作中，都需要做好危机防范，这部分的时间损耗可以使其避免掉危机发生时的焦头烂额、忙乱一团的局面。

实现预防、做好危机防范是时间管理学中的重要一课，是用有限的时间换取避免浪费更多时间的平静局面。在职场中，我们也要做到未雨绸缪，与其在丢掉饭碗的时候沮丧，不如把努力的劲头放在当下，把手中的工作做好，才是对自己的未来负责。

4　工作态度决定工作结果

任何一家公司都需要工作态度端正的员工。那些能够将良好的工作态度融入到工作中的人，自然能以最优异的业绩来回报公司，得到公司上下一致认可；而那些工作态度不踏实的员工，总会出现各种各样的问题，影响到公司的发展，成为公司老板批评的对象。因此，工作态度决定工作结果。

相信我们都有过这样的经历，看书的时候，看了一会儿突然想起有一条短信没有回复，于是放下书本，开始回复短信。回复短信结束重新拿起书本的时候，发现自己刚才的状态已经没有了，书似乎有些看不进去了。不过不到一分钟的时间，为什么会有这么大的变化，我们疑惑却没有仔细思考，误以为是自己疲倦的缘故。

太阳不会因为你害怕明天而不升起，困难不会因为你懦弱而不到来，问题不会因为你逃避而自动消失。我们无法改变周围的环境，那为什么不试着改变自己，勇敢地面对生活中这样或那样的失败呢？

逃避，只是将问题暂时搁置，却不能解决问题。逃避是一种消极对待问题的态度，只有积极面对才有可能得到自己所希望的解决结果。

我们在工作和生活当中，很可能遇到暂时过不去的坎儿，如果在这个时候，悲观、绝望，绝对不会对解决问题有任何帮助，因为逃避解决不了任何问题。

在职场当中，也有人会因为绝望，选择了轻生的方式，来对待他们自认为没法解决的问题。在这些轻生者看来，这种做法似乎是解脱了，但是这种不负责任的选择却会给家庭留下永远的伤痛。所以说，选择自杀的手段，永远是懦夫所为，不管问题如何棘手，不管困难有多大，只要有生命在，那就不会失去希望。

而且在很多时候，我们所面对的困难是必须解决的，即使你现在躲过了，以后还是要面对，所以说，逃避没有任何意义。只要永远用笑容面对困难，生活中的一切困难总会解决。正所谓“世上无难事，只怕有心人”，说的也就是这个道理。

周涛是一个农村的孩子，为了让家人的生活过的好一些，他决定“北漂”，来到北京寻找发展的机会。

到了北京以后他才知道，这个城市虽然很大，但是“京城米贵，居之不易”，想找一份适合自己的工作并不是一件容易事。

周涛在北京各个劳务时候奔波了几天，依然没有一点收获。

这一天，他在回来的路上，看到一个广告栏上贴了一张招工启事，是招聘交通协管员，工作就是每天早上和晚上，上下班的高峰时间，在交通站点疏导人流。这个工作的薪水虽然很微薄，但是毕竟可以糊口。周涛想，不管怎么样，只要有工作，先安顿下来再说，通过这个工作，也可以了解一下北京这个国际大都市。

经过几天的培训之后，周涛上岗了。原来，他对这个城市的换乘路线一无所知，但是，只要他穿上协管员的服装之后，马上就会有外地人向他打听道路，为了能向行人准确地介绍换车的路线，他每天回到家里，马上埋头熟悉北京的各条交通路线。在工作中，不断积累经验，不久之后，他已经能在实际工作中独当一面了。

周涛还在工作之余不停的学习，努力的充实自己，让自己具有更大的竞争力。终于，在他自己的努力下，以优异的成绩考入一家汽车公司，成为一名乘务员。

周涛得知自己被汽车公司录取后，心里充满了自豪。但是，这个时候，正好赶上了国庆六十周年，由于北京的游人骤增，交通协管的岗位上急需用人，而新上岗的协管员又不能马上胜任这一工作。

周涛得知这一情况之后，不仅主动要求加班，而且还推迟了到新单位报到的时间，依然留在协管员的岗位上，尽心尽力地工作，他想，是协管员这个工作给了我留在北京的机会，我要主动工作来报答这份工作。如果因为推迟报到，就算错过了这个职位，他也不后悔。

录取周涛的公司，见他迟迟不来报到，就给他打电话，他就把自己目前的情况向新单位的领导说明，新单位的领导也被周涛的敬业精神感动了，不仅答应了他延迟入职的请求，同时还承诺他，一直给他保留那个职位。新单位的领导说，我们最欢迎的，就是周涛这样有敬业精神的职工。

在现代这个快节奏的社会，在现代这个人情味渐渐淡漠的社会，我们能做的，就是在工作中保持一个积极的态度。只有这样，才能够逢凶化吉，让自己在职场无往不利。

任何一个优秀的人，都拥有一个优秀的习惯。而想要拥有一个优秀的习惯，首先要有一个好的态度。如果你习惯于把每一件事做到最好，就意味着你拥有了优秀的习惯；如果你习惯于马马虎虎对待自己的工作，就意味着你拥有了平庸的习惯。因此，不要轻视你所做的每一件事，要用尽心力去做好它。因为，一旦你养成了一种优秀的习惯，你就会走向成功的捷径。

为自己播种下一个行动，就能够收获一种习惯；为自己播种下一个习惯，就能够收获一种性格；为自己播种下一种性格，就能够收获一种命运。如果我们以积极的工作态度养成了一个良好的工作习惯，那我们的成功就更容易了。

5 业精于勤荒于嬉

俗话说"业精于勤荒于嬉，行成于思毁于随"，可见，想要在工作中做出成绩，勤奋是必不可少的条件；如果过于懈怠，就会让自己的事业荒废，工作变得毫无进展。

所谓"勤"，指的就是勤劳，俗话说"樱桃好吃树难栽，不用心血花不开"，机遇之神当然不是不请自来的，天下也没有免费的午餐。的确，在对成功的上下求索中，机会永远都在伴随着每一个勤劳者的奋斗历程。

如何把握这些机会呢？那就是通过把握机会来达到改变自己命运的目的。每一个成功者在他们的奋斗过程中，都是通过努力拼搏才能把握每一次稍纵即逝的机会，最终达到自己理想的彼岸，改变了他们的人生道路。故事都是从现实生活出发，印证成功的人生哲学，蕴涵着成功者在苦苦追求机会，历经百转千回之后，才会在蓦然回首之时，得到经验与感悟，而这些正是他们改变人生命运的智慧与结晶。

在每一个成功者的人生经历当中，我们都能感悟那捕捉机会的灵光的火花，这些感悟或许会改变自己的一生。

机会凭自己争取，命运靠自己把握，在漫漫人生路上，人人都渴望成功。但怎样才能获得成功？成功的途径在哪里？如何才能成为一个拥有成功的生活强者，达到自己人生旅途中的辉煌顶点呢？这些问题时时都在困扰着我们，迫使我们不断地为之思考，为之奋斗。

然而，成功者会认为，我之所以成功，是因为我通过努力奋斗后，把握住成功的机会，才领略到一览众山小的风光；失败者则认为，我之所以失败，是因为我没有坚持。如果我们在失败后能再给自己一次机会的话，也会有笑傲江湖的豪迈。

所谓"嬉"，指的就是懒惰，懈怠。一个有惰性的人，很难主动去做任何事情。懒惰和懈怠不但能断送自己的前途，还能让自己停滞不前，荒废了自己的事业。

在自己犹豫懒惰的时候，机会已经稍纵即逝，为那些能抓住当下的人所掌握，这就是成功与否的又一差别。那些懒惰的人，不但不能够战胜工作中的困难，还会让自己陷入尴尬的境地。他们会谈工作色变，不敢面对现实，只会躲在自己的小圈子里顾影自怜。

作为一名职场人，勤奋能让你更上一层楼，业绩越做越好；懒惰却能让你堕入地狱，业绩也会一落千丈。只要你能够在工作的舞台上通过自己的勤奋努力，将自己的才能发挥得淋漓尽致，你就会在平凡的岗位上做出不平凡的业绩来。

小芸是上海某大学的应届毕业生，毕业后留在上海，希望找到一份工作。这时候，上海一家公司欲招聘一批大学生，但是，给出的职位和待遇都很低。公司规定，新来的大学毕业生都要从基层做起，从一般工人开始。因此，虽然刚发出招聘广告的时候收到了很多的简历，但是很多大学生问过具体情况之后，都不愿意来公司上班。他们认为，一个大学生去做普通的工人实在是太掉价了，到最后只有两个人愿意在这家公司工作，小芸就是其中的一名，另外一个人，是一个男生，名叫汤正，也是小芸的校友。

两个人参加面试之后，小芸跟汤正聊天，汤正觉得，现在的工作不好找，先找一个再说，能凑合就行。有工作总比没工作好，所谓“骑马找马”，至少能解决目前的困难，不会挨饿。

可是小芸不这样认为，她认为自己没有一点经验，有一个岗位让自己上班，已经非常幸运了。

上班之后，汤正每天上班都是懒懒散散的，工作敷衍了事。刚开始，领导认为他刚从学校毕业缺乏锻炼，就原谅了他。然而，汤正从内心深处看不起自己的工作，每天都应付了事。结果，适用期还没有过他就辞职了。

而小芸却非常踏实，她认为，自己没有实际经验，只有从基层做起才能根基扎实，才能走好以后的每一步。在这个公司里，没有人把小芸当成大学生，她自己也放下架子，踏踏实实地当好一名普通工人，认认真真地做好领导交给自己的每一项工作。

半年后，领导安排她给一些高级技工当学徒。她工作积极，勤奋认真，在给这些高级技工当学徒的期间她学到了很多技术，也积累了丰富的实际工作经验。

一年后，在小芸不断努力下，她已经成为一名高级技工，而且熟悉了这个公司里的所有流程。但她仍然没有满足，抱着一种积极的工作，在工作中不断进取，认真负责。

两年后，她终于当上了这个公司的生产部总监。有一次，小芸代表公司去招聘会上招人，她看见汤正正在招聘会上，四处投简历，因为他已经第三次失业了。

对于工作来说，勤劳是成功的助推器，懈怠是失败的导火索。任何一个职场人士，都要勤劳的去工作，努力地提高自己的能力，让自己在职场打拼出一席之地。千万不能因为懒惰和懈怠让自己越来越差，最后连立足之地都没有。

“勤”使人进步，“嬉”使人落后。因此，我们每一个在职场打拼的人都要记住这句亘古至今不变的名言：业精于勤荒于嬉。

6　对工作要怀有感恩之心

在一家公司中，或许有许多员工都拥有过人的能力，能够通过自己的努力为公司做出很大的业绩来。可是，这也会让少数人变得飘飘然，以为公司离开自己就垮了。

其实，一个人不管有多大的能力，一旦脱离了公司这个平台，就很难实现自己的人生价值。有了公司这个平台，我们的价值和理想才有一个寄居之所，一个奋斗的根基。因此，我们要对公司、对工作有一种感恩之心。

对公司有感恩之心的人，在职场上往往能够受到别人的尊敬；那些对公司没有一点感情，甚至诋毁公司的人，在职场上常常受到别人的鄙视。

有两个年轻人在一次招聘中脱颖而出，但这个职位只招一个人。最后，主考官单独约见了两个人，在问了一些专业问题之后，提出了一个看似无关痛痒的问题："你感觉自己上一家公司怎么样？"

一个年轻人听了这个问题，满腹牢骚，抱怨道："上一家公司实在是太糟糕了，工作环境又乱又差，同事之间斤斤计较，主管更是无德无能，我在这样的环境下忍受了三年，实在是受不了了，才离开了那里。说实话，上家公司确实不怎么样，我感觉自己终于解脱了。"

另一个面试者却笑着说："虽然那是一家规模不大的公司，管理上也存在一些纰漏，不过我在那里学到了不少东西，这也是我一辈子的财富。对于那家公司，虽然我离开了那里，但我心里一直对它都是充满感激的。"最后，主考官录取了第二个年轻人。

任何一份工作，都不可能是十全十美的，也都不可能如你想象的那般美好。但不可否认的是，任何一份工作都能磨炼你的意志，带给你许多宝贵的经验。有些东西是相通的，不管哪家公司、哪份工作都能感受得到，比如：成功的喜悦、晋升的激动、加薪的兴奋等。这些都能让一个员工逐渐走向成熟、走向成功，也是职场人士必不可少的经验和财富。你之所以拥有今天的经验、技巧、阅历，都是工作带给你的回报。

我们感恩工作，就要感恩工作中的困难和挫折。要知道，只有经历风雨后才会出现彩虹，也只有经过困难后的成功才弥足珍贵。

工作中犯了错误并不可怕，它带给我们经验和教训，避免让我们再犯类似的错误；被别人批评和轻视，对自己是一种磨炼，它能磨炼我们的意志，让我们及时发现自己的不足，进而改正缺点，变得更加成熟和优秀。

诚然，在一家公司工作，你与老板之间是一种契约关系，但同时也是一种合作关系。如果没有老板给你工作的机会，你就很难有发展的机会和舞台。从这个角度上来讲，老板是有恩于你的，公司是有恩于你的，你要用一种感恩的心态去对待老板。

通过自己的努力和奋斗，任何困难都是可以克服的。但必须承认，在一个人的成长历程中，接受别人的帮助是很重要的。别人的帮助，能够让你少走些弯路，让自己用最短的时间、花最少的力气，将自己的工作做到最完美。

那些对工作报有一颗感恩之心的人，往往能从自己的工作中寻找到快乐，让自己更加积极主动地投入到工作中。

陈小红从厦门体校毕业那年，她23岁，那一年，正好赶上厦门东方到体校招聘，陈小红和另外两名女生、三名男生一起被厦门东方选中。

陈小红在学校里打了十年篮球，没想到，来到公司以后，却要向另外一门相当陌生的运动发起挑战——打高尔夫。那个时候，高尔夫在中国是一门新兴的运动，厦门东方的一位副总正好懂得高尔夫球技，随即便成为了他们的教练。

陈小红刚刚来到公司不久，因为家里有事，她请假回家，把事情办完之后，再回到球场，她发现与她一起来的两名女生已经已经离开了,因为她们认为这份工作不适合自己。

这时候陈小红的年龄已经大了,转行当高尔夫球员,对她来说有很多困难,但是,她凭借在体校训练的基础、一往无前的勇气,坚持刻苦训练。最后,陈小红坚持的结果是她成为了六个人中唯一的一名职业球员。

转为职业之后不久,陈小红在爱立信巡回赛的澳门站比赛中拿到了第三名。

拿到那个第三名之后,老板立即奖励她到美国去打球。在陈小红的心中,每一次参赛,都是她的一项工作,她认为,自己是带着薪水参加比赛的,必须好好打比赛,最终报答公司的培养。

懂得感恩公司,懂得抱着一颗感恩之心去工作的人,他们才会主动去做一些事情,让自己变得更加优秀,并在不断的努力中实现自己的人生价值和个人梦想。

可见,感恩不但有利于公司的发展,有利于提高个人的业绩,还能让自己收获一个好心情,增加自己的个人魅力。因此,我们时刻要对自己的工作怀有一颗感恩之心。

7 天下没有免费的午餐

在职场上,几乎所有的老板都不敢奢望自己的员工能够做出自己所期待的业绩。但是,他们又都希望,自己手下的所有员工都能将自己本职应该做的工作做好。至少,不要出任何差错,对得住他们所领的那份薪水。俗话说:“天下没有免费的午餐。”这个道理放在职场,同样也是一个真理。

天下没有免费的午餐,天下也没有白给的薪水。没有哪位老板喜欢将自己的薪水付给一个没有做出任何成绩的员工,他们都希望自己的每一分投资都能产生利润。

大学应届毕业生王林、李华和梅刚在中关村一家软件工厂一起开始了试用期。上班第一天，经理把他们带到车间生产流水线旁，他对领班说："他们是新来的员工，请你尽快帮助他们熟悉岗位工作。"

经理又对王林他们说："公司为你们提供一个月的试用期，是否继续聘用你们，就看这个月里你们自己的表现了。"刚开始，他们还满怀希望地工作，尽管对工作不怎么熟悉。然而，当天天都在重复着简单的劳动时，他们都感觉在这里根本无法获得自己美好的未来。

更辛苦的是，这个月每天都 24 小时开足马力生产，因为工厂的订单太多了。工人们都是三班倒，分白班中班夜班交替着上。生产线上的节奏很快，每一个岗位都必须聚精会神地工作，所以比较累。更难熬的时间段是从凌晨一点到早八点的夜班，因为这时大家不但要上好班，还要和阵阵袭来的"瞌睡虫"较量。每次下班后，王林他们都会疲惫不堪地回到宿舍，然后倒头就睡，连早餐都不想吃。

转眼间，一个月试用期快完了。王林他们三个人都认为自己表现不错，通过试用期应该没有问题。试用期的最后一天又是一个夜班，那天去上夜班时，经理在厂房门口等到了他们。他对王林、李华和梅刚三人说："真的很抱歉，通过公司人事部的考察，你们三人都没有通过公司的试用，上完夜班，你们就可以离开了。"

经理说完，把这个月的工资交给了他们，然后就走了。没想到会是这样的结果，所以三人都呆呆地站在那里。也不知道过了多久，王林说："快要上班了，我们进厂吧。"

听了这话，李华和梅刚对王林大吼道："你脑子有毛病啊，我们都被解雇了，还给他们工作个屁啊！"

王林却说道："这虽然是我们最后一次在这里工作了，但我想我们仍然需要将这次工作做好，我们不能对不起今天的工资。”

李华和梅刚冷笑着，回宿舍睡了一觉。只有王林一个人还在厂子里继续认真地工作。

第二天，经理将李华和梅刚解雇了，微笑着对王林说：“恭喜你，小伙子，你的试用期正式结束，你被正式录用了。因为你明白一个最基本的道理：天下没有免费的午餐。”

的确如此，没有人愿意白白付给你薪水而不得不到任何回报，因此，不管你能力如何，都要时刻记得：不能对不起老板付给自己的薪水。

对得起自己的工资，在工作上努力付出，做出业绩来，抱有这种态度的人是对工作的负责。如果时刻绷着这根弦，就会做什么都能成功；否则，做事情就会处处碰壁，时刻面临失败的尴尬处境。

天下没有免费的午餐，换句话说就是，不管你做什么，都要付出辛苦的劳动。天下没有不劳而获的事情，任何成果都需要辛勤的汗水去浇灌。天上不会掉馅饼，只有实实在在的付出，才会有所收获。自己努力拼搏、辛苦付出的人，才会收获最有价值的回报。

那些试图投机取巧，想要不劳而获的人，注定成为别人的笑话。

在美国有一家报纸上刊登了这样一则广告：你如果将10美元汇到指定的地点，你就可以得到赚1000美元的最佳方法。结果，一位读者看到这则消息兴奋得不得了，他感觉这可是个天下掉馅饼的机会。于是，他按广告中的地址汇去了10美元。不久，他便得到了回信。他迫不及待地打开信，只见信上只有一句话：我正在找像你这样的1000个傻瓜。

在报纸和网络上，你常常会看到各种各样防备被骗的新闻，你也会惊讶地发现，这些骗子骗人的手法出奇的一致：他们利用的全是人们侥幸的、爱占小便宜的心理。

有人走在街上告诉你他有一个几千年前的古董，愿意以最低的价格卖给你，你是否动心了呢？有些人将你拉到一边低声告诉你，他认识一位包治百病的神医，你是否动心了呢？如果你动心了，激动了，那你就准备上当吧。要知道，天下没有免费的午餐，也不会有天上掉下来的好事。

不要试图去做那些看似很占便宜的事情。因此，千万不要让自己掉入骗子的陷阱，要懂得脚踏实地，不能想着不劳而获。

在职场上，永远不要渴望不劳而获，不付出就想得到回报。任何一个在职场上做出成绩来的人，都是靠着辛苦的汗水得来的。也只有依靠脚踏实地的努力，才能主宰自己的人生。

8　拒绝空想，用行动说明一切

没有结果的事就是不值得做的事情。做不值得做的事，会消耗自己做有价值的事的时间，这其实是对生命的一种浪费。此外，做不值得做的事，会让自己误认为完成了某件有意义的事情，从而心安理得；做不值得做的事，不值得做的事会生生不息，那么，你也就没时间去做真正值得做的事情了。

所以作家西蒙说："如果我要写个剧本，在每一页都保持故事的原则性，而且能将剧本和其中的角色发挥得淋漓尽致……它会是一个好剧本，但不值得花费一两年的时间。"

很多时候，我们容易犯这种时机不成熟就贸然行动的错误，带来的结果很可能是最后需要返工。究其根源，通常是因为我们在工作中过于纵容自己，而不够严谨，过于求其快而不求其完美。过于求快，只能让我们增加返工的可能性，只能让我们一次又一次地浪费时间。

职场上，常常会有一些人在工作时间里大谈自己的梦想，自己的抱负，自己对未来的设想。这些人热衷于谈论梦想，喜欢生活在自己为自己构造的"幻想的城堡"里。这些人天天说，月月说，年年说，说来说去，说到了退休，甚至说到了生命的终结，也从没有去实质性的迈出一步。

从前，一个村子里，有两个兄弟，他们都想漂洋过海，到很远的地方去淘金。

哥哥认为，要想造船，必须要有很多钱才行，可是他现在只有几枚铜板，不知道什么时候才能攒够这一大笔钱，哥哥整天为此愁眉苦脸。

可是弟弟却认为，任何一个梦想都必须要脚踏实地来完成，于是，他一个人进山去砍伐，找到上好的木材之后，就运回来，慢慢地积攒，渐渐的，弟弟已经拥有了一些木材。经过几年的努力，弟弟的木材已经积攒得像小山一样高，可是，哥哥却一无所有，还在那里幻想，什么时候，等我有钱了，一定要造船。

这个时候，弟弟卖了一些木材，有了一些钱之后，弟弟就请来工匠开始造船。

这个时候哥哥手里，还是只有几枚铜板。

当弟弟的大船造好之后，他漂洋出海，从很远的地方来回了很多名贵的珍宝。当他回到家乡的时候，哥哥已经憔悴不堪，这个时候，他还在向人夸耀自己造船的梦想。

这样的事情在职场之中随处可见，许许多多的打工者，都会怀有各种各样美好的梦想，试图去改变自己的人生，最后却往往落得“心比天高，命比纸薄”的笑柄。

到底是什么原因阻止了这些人呢，是什么阻碍了他们实现自己的梦想呢？各种各样的理由看上去似乎多如牛毛，比如，有人想自己开个公司或开一家店铺，但苦于没有资金；有人想要在工作中做出业绩来，却总是寻不到机会；有人想跳槽去外企工作，但总感觉自己的条件还不够优秀……这些正是许多人致命的弱点，他们总想着自己过好一些，做一些更有意义的事，但却总是习惯于将自己的梦想束之高阁，却把大量的时间和精力浪费在一些无关紧要的事情上面，终日忙忙碌碌做一些琐碎的事情，最后导致自己的梦想和希望破灭在摇篮之中。

对于这样的结果，这些人却常常不在自己身上找原因，却总喜欢寻个美妙的借口，为自己开脱，然后继续过着以前的生活，让梦想在某个角度沉痛地窒息。

其实,没有行动的梦想就像“乌托邦”一样,看起来很美,听上去很诱人,似乎自己也能在成功后的喜悦中寻到一些快乐的因素,但冰冷的现实,却往往令人不得不接受,不得不面对。也许,在你幻想的那一刻,似乎自己真的就要脱胎换骨,成为一个不平凡的人了,但最后的结果却往往是那样令人失望。实际上,那些没有付诸任何实际行动的梦想往往容易让人生活在一个很自我的精神世界中,把自己看得很高,脱离了实际的水平,对那些平淡的工作会没有任何兴趣,整天在自己梦想的美丽世界中逍遥自在,但最终会作茧自缚。并且,由于看不起自己身边平凡的工作,最后自己连个普通的人都不如。

第四章　钱途≠前途，不要成为金钱的奴隶

在现代社会生活中，最实际的资源莫过于金钱，它是所有资源转换的媒介，对每个人的生活都具有重要意义。但是，如果把它视为万能的上帝，对它顶礼膜拜，就会让人被钱所迷惑，看不清脚下的道路。对于职场中人来说，钱够用足矣，利用工作的机会，强化自己，才是最聪明的选择……

1 让自己变得不可替代

不管你在职场中所处的地位如何,你都要明白,任何一个看似微不足道的工作岗位,都是你施展个人能力的平台。因此,如果你想要得到更多的薪水,获得更大的成功,都要在自己的工作岗位上将自己的能力施展出来,让领导和同事看到。能够做到这些,你就会发现:没有人能取代你的位置,更没有人能掩盖你的才华。

在职场上打拼的人,能力是你最重要的通行证。拥有过人的能力,是事业成功的必要条件。我们要明白,即使具备优秀的能力也不一定会成功,但一个缺乏过硬职业能力的人,是一定不会成功的。

一个人能力的高低,直接影响着他在老板眼中的分量和自己在职场上的前途。因此,应该想尽办法提高自己的能力,让自己变得不可替代。只有那些不可替代的员工,才能在职场上长期并且稳定地生存下去。

可是,如何才能让自己变得不可替代呢?这需要在不断的学习中提高自己的能力,在大量的实践中加强自己的素质,还需要一颗永不退缩的心。想要让自己变得不可替代,不妨试一试以下几个办法。

(1)多读书,读好书

西汉时候,有个孩子叫匡衡。他小时候很想读书,可是因为家里穷,没钱上学。后来,他跟一个亲戚学认字,才有了看书的能力。匡衡买不起书,只好借书来读。那个时候,书是非常贵重的,有书的人不肯轻易借给别人。匡衡就在农忙的时节,给有钱的人家打短工,不要工钱,只求人家借书给他看。

过了几年,匡衡长大了,成了家里的主要劳动力。他一天到晚在地里干活,只有中午歇晌的时候,才有工夫看一点书,所以一卷书常常要十天半月才能够读完。匡衡很着急,心里想:白天种庄稼,没有时间看书,我可以多利用一些晚上的时间来看书。

可是匡衡家里很穷，买不起点灯的油，怎么办呢？

有一天晚上，匡衡躺在床上背诵白天读过的书。背着背着，突然看到东边的墙壁上透过来一线亮光。他马上坐起来，走到墙壁边一看，啊！原来从壁缝里透过来的是邻居的灯光。于是，匡衡想了一个办法：他拿了一把小刀，把墙壁的缝隙挖大了一点，他就这样，借着邻居家墙壁缝中透过的微弱灯光，刻苦读书，后来成了一个很有学问的人。

(2)勤学习，多实践

1862年9月，美国总统林肯发表了《解放黑奴宣言》，这是美国历史上的一个伟大创举。

有一位记者去采访林肯："据我所知，上两届总统都曾经想过废除黑奴制，《宣言》也早在他们那时就起草好了，可是都没有签署它。他们是不是想把这一伟业留给您去成就英名呢？"

林肯回答说："可能吧。不过，如果他们知道拿起笔需要的仅是一点勇气，我想他们一定非常懊丧。"

任何美丽的想法都要靠实践来完成，所以说林肯与其他总统的区别在于他敢于实践的精神。

(3)肯努力，多包容

在希尔顿的旅馆王国之中，许多高级职员都是从基层逐步提拔上来的。为什么他能发现这些优秀的员工呢？由于他们每个人都是经验丰富，并且在职场当中不可替代。

希尔顿对于提升的每一个人都十分信任，放手让他们在各自的工作中发挥聪明才智，大胆负责地工作。如果他们之中有人犯了错误，他常常单独把他们叫到办公室，先鼓励安慰一番，告诉他们干工作的人都难免会出错的。然后，他再帮他们客观地分析错误的原因，并一同研究解决问题的办法。他之所以对下属犯错误采取宽容的态度，是因为他认为，只要企业的高层领导，特别是总经理和董事会的决策是正确的，员工犯些小错误是不会影响大局的。

如果一味地指责，反而会打击一部分人的工作积极性，从根本上动摇企业的根基。希尔顿的处事原则，是使手下的全部管理人员都对他信赖、忠诚，对工作兢兢业业，认真负责，每一个员工都不可替代。

除了客观的条件、能够包容的老板之外，个人的工作态度也非常重要，不管做任何事情，都要有一个积极向上的工作态度。通过自己的努力学习，去掌握更高深的技能，将这些技在自己的工作中有所发挥。

只有这样，才能让自己在职场上迅速脱颖而出，得到别人的认可，进而让自己变得不可替代，成为公司的“定海神针”。

此外，我们还要善于发现工作过程中的薄弱环节并加以改进，这样做的原因不仅是对现代科学技术的大胆革新和改造，更重要的是能够培养自己的动手能力和创造性思维的能力以及开拓进取的精神。

在现代这个人情味越来越淡漠的社会，人与人之间的关系变得日益微妙起来。尤其在职场上，你想要获取一份稳定的工作，让自己在职场上有更大的发展，得到更多人的认可。最需要做的事情就是让自己变得不可替代，只有一个不可替代的人，才能在职场上要风得风，要雨得雨，长期稳定地发展出下去。

2　重新审视你的生活价值

现在有很多哲学家和哲学书籍在探讨生活价值的问题，也有很多人在阅读这些理论，可是理论终归是理论，它并不是抄在本子上、存储在电脑里就起到作用了。真正的生活的价值在每个人的生命中都有不同的意义，是要个人在生活过程中不断总结归纳的。

给你最好的建议就是，忙碌的生活中，偶尔停下来，回过头，看一看，想一想。

三毛曾经说过这样一句话：“我们 30 岁的时候悲伤 20 岁已经不再回

来，我们50岁的年纪怀念30岁的生日又是多么美好，当我们99岁的时候，想到这一生的岁月如此安然度过，可能快乐得如同一个没抓到的贼一样，嘿嘿地偷笑。”

其实人的一生就这么长时间，价值与使用价值两者关系在人生旅途中如何去体现，去展示，说通了也就是这么一回事。

人是一种有灵魂的生命，在生命的过程中，有他所要追求的东西，一个人可以为他的心灵所追求的东西而不惜任何代价，不惜劳累、辛苦，因为追求自己的梦想是一件非常快乐的事情。

好好地生活就是活得有意义，做自己真心想做、符合自己价值观的事，就是为了让自己活得有意义，让自己真正的快乐，做自己想做的事情，才能完全激发自己潜在的力量，才能不断地突破自己，才能实现自己的人生价值。

每个人都有一个自己的舞台，自己都是这个舞台上的主角，也是这个舞台上的导演，自己是能够决定自己演一个什么样角色的，去选择一个自己喜欢的角色，让自己能够用尽全力去扮演好，去演一个真实的自己，去演一个有意义的自己，这样的人生才不会白白地走过，才能留下美好的回忆。

千万不要一辈子都在忙碌于自己并不想去做的事情，只要自己不喜欢，那么对自己来说，这就没有什么太大的价值，不要一辈子做别人舞台上的配角，这样，就会失去自我，在人生之路走到尽头时就会发现自己的生命活得没有意义。

做有意义的事情就是做对得起自己，对得起自己的父母，对得起培育自己的师长，对得起帮助过自己的所有人，这也是一个做人的根本，是人生意义所在。

要想使自己的生活有价值，就要首先规划好自己的人生，想想你为什么而生存，想成为什么样的人，想做出什么样的成就等，花时间好好想想这些问题，并且让它们时刻活跃在你的大脑里，一遍一遍地回忆它们，并为他们付出努力；其次你要把你的想法列入计划，提高对它的重视程度；

最重要的是你要有坚定的立场和切实的行动，没有行动，再好的假设也只是空谈。

重新认真的审视自己所做的事情吧，看看到底有没有意义，寻找到完全符合自己的价值观、人生观的事情，放心地去做吧，这样，等你走过人生路的最后一段后，你会发现自己是快乐的，自己的生命是有意义的。

人的一生中会做很多的事情，但其实这其中有很多事情是没有必要做的事情，所以，我们要学会一种聪明的本领，那就是学会挑选该做的事。世界上有两种人：一种人，虚度年华；另一种人，过有意义的生活。在第一种人的眼里，生活就是一场睡眠，如果这场睡眠在他看来是睡在既柔和又温暖的床铺上，那他便十分心满意足了；在第二种人眼里，生活就是建立功绩……人就在实现这个功绩的过程中享受到自己的幸福。而这第一种人，他的失败就在于他不会挑选自己该做的事。

很多人无法达到成功目标的最大问题，在于不知道该如何去展示自己，不明确自己该做什么，该放弃什么。只有当你在机会面前展示自己，明确自己的人生目标，学会挑选自己该做的事情并全力以赴接受挑战，才有可能成功。瞻前顾后、止步不前只会让你的一生碌碌无为。

工作和生活中，聪明地学会挑选自己该做的事情，不仅会使你的事业得到长足的发展，还可以使你的生活幸福，家庭和睦。这何尝不是一种生存的能力呢？

做到这点，其实也不难，首先，你要知道家庭和工作都很重要，家庭是精神上的核心，工作是自我实现的媒介。这两者需要达到平衡，这样才能成就完美的生活。在这一点的基础上，你就会在生活和工作上约束自己的行为，既不能完全依赖家庭也不能做没有家庭生活的工作狂人。

其次，你要有基本的辨识能力。有些事情是对自己和社会有害的，那么我们远离它，有些事情利民利己，那么，何乐而不为呢。最后，就是社会经验了，在不断的积累经验的过程中，你会愈加成熟，更能看透身边事物的真伪与善恶。

人是要学会聪明地挑选自己该做的事情的，这是最基本的生存之道，保持一颗纯净的心，和那些不该做的事说再见，不让那些对人生毫无意义的行为，来侵占你宝贵的生命。因此，我们重新审视自己工作的价值和生活的意义，不要为了赚钱而迷失了自己。

3　培养自己拿高薪的能力

每一个在职场拼搏的人都希望拿高薪，高薪往往是诱人的。那么，想要获取高薪，需要具备哪些条件呢？

条件一：专业技能与职业要求的契合度

某家销售公司要提拔一位市场经理，经过层层选拔，王林和张帅成为最后的竞争者。他们两个人不管是工作业绩还是工作态度，都非常突出。综合比较来，两个人难分伯仲，但这个职位只需要一个人。一周后，张帅成为了市场部的新经理。

王林来公司的时间比张帅早，可以说是公司元老级的人了，他感觉自己准能胜出，对于竞争失败，王林一直心怀不满。后来，王林才明白。自己其他方面并不比张帅差，主要原因是张帅曾经在世界500强企业的市场部工作过，并且其工作能力深受领导的好评。后来，张帅在市场部经理的位置上，利用自己手中的资源，为公司拿下了几个大单。这下，王林心服口服了。

可见，一个人的技能和经历是他的核心竞争力，这些是决定一个人是否在公司拿高薪的关键。作为普通职员，薪水与领导相差是很悬殊的。如果你的能力能超过他们，那你也能得到他们一样的高薪。

条件二：专业水平、等级与职业要求的契合度

刘颖在一家外企做财务工作，每天朝九晚五，非常辛苦。另外，刘颖还自费报名参加了各种财务类的考试。一年下来，刘颖积累了多张财务类的相关证书，她终于松了口气。原来，刘颖想去另一家知名外企去工作。大学刚毕业那会儿，她曾想去过那家外企面试,结果遭到了拒绝,原因是她缺乏工作经验,但刘颖却一直梦想着进入这家企业。

现在的刘颖,有着四年的工作经验和一大堆资格证书再去应聘时,仍然被这家公司拒绝了。刘颖感觉非常不理解。刘颖之所以应聘失败,主要是她过于追求证书的"量",而忽略了证书的"质",证书专业越来越好,含金量越高越好。因此,一些职场上的人如果想要得到更高的薪资待遇,就要想办法取得一些会对自己工作起到举足轻重作用的证书。

对于大多数工资阶层来说,上至公司经理,下至普通职员,他们通常关心的是两个问题:一个是自己领的工资能否体现自己的人生价值,另一个是在同等职位中,自己领的工资是否合理。

其实,想要在职场获得高薪,就要具备获取高薪的能力,下面的六个秘诀是我们必须具备的。

(1)做出卓越贡献自然得到高薪

你在企业做出惊人的业绩,自然能够得到高薪。对于一家企业来说,衡量员工最大的标准就是这个员工所做的贡献,那些做出优秀贡献来的员工,自然能够得到企业的重视,高薪也就自然而然地到来了。为自己建立一个绩效清单,每过一段时间就填写一次。一旦有了绩效单,在面对年终考核的时候,可以成为一个参考依据,以便增加薪水。

(2)了解薪资制度的重点

任何一家公司,都有自己固有的一套工资制度。薪资与绩效的相关度有所不同。有些企业强调员工资历的重要性,有些企业强调事情的结果,有些企业则强调过程与结果并重。因此,想要在职场获得高薪,必须了解公司薪资制度的重点,力求绩效的量化,就已经为获取高薪打下了基础,铺平了道路。

(3)制订一个奋斗的目标

任何一个在职场上的人,都会有自己的奋斗目标。作为一家公司的员工,领导都会对你有所期望,并设定一个工资制度。这样一来,你就会拼命努力，力求让自己变得更优秀，达到公司的要求，让企业为自己加薪。对此，你应该明确自己的个人目标，要在规定时间内做多大贡献、完成多少业绩等。以此为基础，实现自己的奋斗目标，你所拿的薪水自然而然就会比之前高很多。

(4)做利人利己的事情

在现代这个社会，任何一个人在做事情的时候，都要考虑到别人的利益，要做利人利己的事情。只有在自己得到好处的同时，别人也跟着得到好处，你才会被别人所帮助。在一家公司工作，一定要尽其所能，为公司带来最大的价值。只有这样，你给公司带来了价值，创造了利润，才能因此而得到公司的重用，给予你高薪。

(5)掌握关键的技能

现在企业中并不缺少人，但却缺乏人才，尤其是那些掌握关键技术的人才。那些掌握高精技术的人，往往会成为许多企业高薪聘请的对象。这些关键技能是需要学习的，在不断的学习中，使自己逐渐成熟，脱颖而出，成为某个行业资深的人士。因此，只有掌握关键技能的人，才能成为关键的人才，只有关键的人才，其个人薪水才会不断的水涨船高。

(6)拥有丰富的经验和阅历

现在的企业愿意将高工资付给两类人：一类是上面提到的掌握关键技术的人，另一类就是拥有丰富经验和阅历的人。在一家公司里，经验往往是千金难买的宝贵财富。在某个岗位上，如果你拥有多年的经验，就会将这份工作做到极致，创造的价值要远远大于那些没有任何工作经验的人。

4　不计报酬，功到钱自来

美国著名心理学家亚当斯曾经提出过一个“公平理论”，他认为职场上的员工，其工作动机不仅受自己所得的绝对报酬的影响，而且还受相对报酬的影响，人们会自觉或不自觉地把自己付出的劳动与所得报酬同他人相比较，如果觉得不合理，就会产生不公平感，导致心理不平衡。

其实，我们如果能够在工作中做到不计报酬的努力，那我们在时机成熟的时候，就会得到许多我们想都不敢想的待遇。

海伦小姐是美国一家公司的职员，那是一个星期六的下午，海伦在办公室里值班。这时候，老板的朋友詹姆斯先生急冲冲地走进来，对海伦说，需要马上找到一位速记员，帮他完成一项紧急的工作。海伦小姐告诉詹姆斯先生，今天是休息日，公司里的速记员都没有来上班，如果詹姆斯再来晚一点，她也要下班了。

詹姆斯先生非常着急，他问海伦小姐："你能帮我完成这个工作吗？如果请你帮我完成这个工作，需要付给你多少报酬？"

海伦小姐笑笑说："这项工作如果交给速记事务所，大概需要几百美元，不过，因为你是我们公司的老客户，我很高兴帮你这个忙，我不会要求您支付费用的。"

海伦帮助詹姆斯完成了这个工作，然后詹姆斯很高兴地离开了海伦的公司。

一个月之后，詹姆斯把一个重要的定单交给了海伦的老板，海伦的老板很感激老朋友对他生意的照顾，不过，詹姆斯很严肃地说："这笔生意我并不是照顾你的，而是为了报答你公司里一名普通员工——海伦小姐。"

然后，詹姆斯把那天发生的事情向海伦的老板讲述了一遍，海伦的老板因此奖励她一次带薪度假的机会，并且得到了升职的机会。

一个人不管是在工作上还是在生活中，只要能够做到不计报酬，就会得到更多的回报，下面这个故事正说明这个道理。

弗莱明是苏格兰一个贫苦的农夫，他生活拮据，但为人善良，总喜欢帮助别人。

有一天，弗莱明在田里劳作时，听到附近泥沼里出发求救的哭喊声。他急忙放下农具，飞快地跑到泥沼边。在旁边的一个粪池里，有一个小男孩在拼命地挣扎哭喊，弗莱明急忙跑过去，从粪池里把孩子救了上来。

第二天，一辆崭新的马车停在弗莱明的家门前，从车上走下一位优雅的绅士，背后跟着昨天获救的小男孩，绅士自我介绍说自己是这个被救的小男孩的父亲。

他感激地看着弗莱明说："谢谢您救了我儿子的命，我要报答您。"

弗莱明有些害羞，因为他从来没有见过这么体面的绅士，他不好意思地说："我不能，我不能因为救了您的孩子就接受报酬。"

正在这时，一个小男孩从弗莱明的茅屋里跑了出来。绅士看到这个孩子，就问弗莱明："这是您儿子吗？"弗莱明很骄傲地回答："是的，先生。"绅士说："我们来订个协议，让我带他走，让他接受良好的教育。假如这个孩子像你一样勤劳善良，他将来一定会成为一位令您骄傲的人。"弗莱明答应了，因为他实在没有钱让儿子接受更好的教育。

后来，弗莱明的儿子从圣马利亚学院毕业，成为举世闻名的弗莱明·亚历山大爵士，也就是盘尼西林（青霉素）的发明者。他在1944年受封骑士爵位，后来又获得了诺贝尔医学奖，成为闻名世界的科学家。

数年后，绅士的儿子染上肺炎，正是盘尼西林救了他的命。那绅士是谁呢？他就是上议院议员丘吉尔，他的儿子，也就是被农夫从粪池中救出的孩子，就是英国著名政治家温斯顿·丘吉尔爵士。

当初，如果不是农民弗莱明从那个粪池里救起那个小男孩，不仅不会有后来那个改变世界格局的英国政治家丘吉尔爵士，也不可能有诺贝尔医学奖得主弗莱明爵士,更不会有救活无数人性命的盘尼西林。

对于农民弗莱明说,这就是对他善良举动的最好的报酬。故事中的弗莱明,他在最初做好事的时候,并没有想到回报,但是,最终,他却因为自己的不计报酬的品格,得到了幸运之神的青睐。

5 不要沦为金钱的奴隶

一个人来到世上,要吃要喝,要穿衣,要住房,这是人生存的最基本的条件,要获得这些东西,就得有钱。如果没有钱,就购买不到日常生活用品,我们到店里买东西,就是少一角一分也不行。人除了生存外,还要求发展。生存需要钱,发展更需要钱。钱虽然不是万能的,但是没钱是万万不能的。

一个人自身要受教育,还要教育子女,这些都需要钱,要交学费,要买书和其他学习用品,没有钱也都行不通。现在还有一些农村贫穷落后,因为没有钱,许多孩子进不了校门。人要结婚,要成家立业,还要赡养父母,这些都要有钱。看电影,看电视,看戏,唱歌跳舞,这些也都需要钱。人要参加社交活动,要交朋友,走亲戚,要旅游,出门就要坐车,如果没有钱,就会寸步难行。

苏霍姆林斯基说得好:“只有当财富为人的幸福服务时,它才算作财富。”金钱不等于价值,只有当它为人的幸福服务时,才是有价值的。文明的社会以足够的钱保证每个人都能确保自己的收入,如此就能知道确保收入是多么重要了,大家能赚到适当的钱,的确是很重要的关键。

可是我们现在的社会,人们对金钱的欲望急剧膨胀,拜金主义思想泛滥,为了金钱,有的人出卖了人格,疏远了亲友感情,兄弟反目,有的人甚至妻离子散。有人为此贪污、盗窃、抢劫,走上犯罪的道路。

的确不可否认,有了钱,可以提升你的生活质量、社会地位,但却不能为了得到金钱,而违背道义和良心。

俗语说“知足常乐，平安是福”，知足并不意味着让人放弃理想，只是放弃那些不切实际的欲望。如果你的内心每天被金钱的欲望所噬咬，那么，生活又有什么乐趣可言呢？

世界第一富翁比尔·盖茨资产有几百亿美元，但他平时却很节俭。他请客花费却远比中国富豪少，有一次他去开会，嫌贵宾车位收费太贵，就把车停在远处普通车位然后再步行走回来。

有谁知道他一个人捐助的慈善基金超过了200亿美元？印尼海啸捐助了300万美元。他还表示他死后只留一少部分给子女，其余全部捐助给慈善事业。世界上很多富豪都是这么做的，这才是真正的富豪之风，是全世界富豪的榜样。

想要好好生活，就要树立正确的人生观，理性地看待金钱，快乐从容的生活才是幸福的源泉。

晋人鲁褒的《钱神论》就说，钱“无德而尊，无势而热，排金门，入紫闼。危可使安，死可使活，贵可使贱，生可使杀。是故忿争非钱不胜，幽滞非钱不拔，怨仇非钱不解，令问非钱不发。洛中朱衣，当途之士，爱我家兄，皆无已已，执我之手，抱我始终。不计优劣，不论年纪，宾客辐辏，门常如市。”谚日：“钱无耳，可暗使。”

又曰：“有钱可使鬼。”凡今之人，唯钱而已。故曰：“军无财，士不来；军无赏，士不往；仕无中人，不如归田；虽有中人而无家兄，不异无翼而欲飞，无足而欲行。”最后，他把钱归结为一句话：“钱无耳，可使鬼”。

拜金主义者就把金钱看得高于一切，用金钱来衡量一切，把金钱财富作为衡量人生价值的最高标准。

有人用百分比揭示这种拜金主义者为了金钱敢于冒险的心态：一旦有适当的利润，胆就大起来，如果有10％的利润，他就保证到处使用；有20％的利润，他就活跃起来；有50％的利润，他就铤而走险；为了100％的利润，他就敢犯任何罪行，甚至冒杀头的危险。

马克思对这种拜金主义者曾经作了批判。他说，这种人“除了现金交易外，他不承认人和人之间还有其他任何联系”。

当商品经济越来越发达、人际交往越来越频繁的时候，金钱的作用会越来越明显，拥有金钱，可以实现个人许多愿望，但金钱同时也是折射一个人人生观、价值观的一面镜子，它可以折射出一个人的品质、修养。

许多人都把金钱看得至高无上，他们认为世上什么都假，只有钱最过硬，靠得住。他们甘愿做金钱的奴隶。为了钱，他们可以丧失道德品质，可以丧失做人起码的良心，甚至可以丧失做人的尊严。

金钱是人们根据商品交换的需要而发明创造的，拥有了钱，就代表着对物质拥有的权力。人们渴望得越多的金钱，就是渴望对更多物质的占有欲。然而金钱不是万能的，它终究是一种物质，它是没有精神的，只有人是有思想和灵魂的。

有思想的人创造了无灵魂的物，而最后又被自己所创造的物所困扰、驱使，这是一件非常有趣的人生课题。把这个课题解读透了，生命也许才会更有意义。

6　有了前途，就自然有钱可图

如果老板告诉你："在未来10年里，有80%的主管是由现在的业务员担任"，你会相信他的话吗？肯定不会。许多人在职场上常常这样认为："现在上班就是吃大锅饭，干多干少一个样，干好干坏一个样。做得再好，也不会有什么前途的。就算你再拼命，再努力，公司也不会多给你一分钱的。"

其实，事实并不是这样。如果你看见地上有五张百元大钞，在没有任何顾虑的情况下，你会捡几张？五张！这是大多数人的做法。但工作给我们的回报，大多数只能拿到两张、三张甚至一张，全部捡起是不可能的。

大多数员工只重视工作的待遇，计较自己的薪水，却忽略其他方面的回报，比如在工作中认识的新朋友，拓宽了交际面；工作中学到的新本领，开拓新的生活领域；自身价值的提升，工作能力的增强；才能的最大发挥，实现自我的满足感……这些无形的回报是不是该重新认识一下？

老板最先看到的员工，是一个无论在什么岗位、什么地方都肯于多付出一点、多努力一点、勤劳智慧的员工。

那些有志于成为企业中中流砥柱的员工们，请仔细计算一下现在你的工作回报，看看到底是否值得你去多付出一点？干和不干真的一个样吗？

尽管老板看不到他的员工主动把办公桌擦干净，但是，机会却总是一次又一次地降临到那些勤劳、肯于多付出一些劳动的员工身上。尽管在当前，付出与薪酬总是不能平衡，会让你不适应，但你要照样努力从事自己的工作，因为往往在“阵痛”之后，会有好机会降临。所以你要好好把握现在，不要计较暂时的不平衡，安心工作，创造你的前程。

我们工作收获的标准不只是几百、几千元的薪酬，人不是为钱而生存的，尽管金钱可以让我们生活得更好。

如果能够暂时不计较薪酬与付出的不符，继续努力地工作，我们很有可能得到比薪酬更多更好的上升空间。反之，我们有可能会失去现在这份虽然薪水不高但很有发展的工作。

麦克阿瑟说过：“最浪费时间的事是放弃得太早。”而很多人却总是在把工作做了90%后，放弃最后可以给他们带来成功的10%。结果不但输掉了开始辛苦的投资和工作成果，也丧失了不断努力后将要成功的喜悦。

人们在开始一个新工作的时候，需要学习许多新知识、新技能，但在通常情况下，任何新工作都有一段你懂得比周围人少的困难阶段，这导致有的人在成果出现之前失望地放弃，让自己功亏一篑。他们忽视了每件事情要办成都需要挣扎，挣扎过后才会新生。

尽管人们工作目的都很明确，一为挣钱，二为发展，但是应该永远记住：发展才是根本。对于年轻人来说，如果钱少却有很大的发展前途，就应该留下来。毕竟金钱不是万能的，而发展才是人生大计，才应该放在第一位。

要知道，工作只是生活的一部分，在现代社会，工作在生活中所占的比重越来越大,你的生活质量很大程度也是由你的工作所决定的,试想,一天工作8个小时,上下班在路上耗掉3个小时,睡觉8个小时,你还剩下多少时间?

所以,拥有开心的工作,往往就拥有开心的生活,反之也只会给生活带来大的压力。

每个人或许都有不同的诉求,毕竟现在生活各方面的压力都很大,如果对经济有诉求,那么在求职的过程中,也会偏重于对钱途的选择,而忽略了在工作中是否可以提升自我的无形价值,譬如能多学一点知识,能多积累一些工作资源等。而如果你的生活没有太多的经济压力,你大可好好规划自己的职场,不单纯看工资,可以考虑公司的规模,盈利能力,对自己的发展有没有好处等。

正如鱼与熊掌,"前途"与"钱途"最理想的状态也是两者兼得,但要做到两者兼得并非易事,特别是刚刚毕业的年轻朋友,甚至有可能两方面都不太满意,这时候需要及时调整自己的心态。

凡事总需要一些时间来慢慢实现,经过自己的努力,增加了工作经验,把握一些机遇,掌握工作资源,取得更好的前途和"钱途"都是顺理成章的,在合理的工资待遇情况下,建议尽量多地考虑前途,因为只有前途好的公司,才能带来更稳定、更有潜力的"钱途"。

现在很多求职者一开始只注重"钱途",选择在短期内可以给予较高工资的公司,工作不到一年,公司的业务不断转换,而且营业额在不断下降,最后公司也倒闭了,在这过程中自己也没有学到什么东西,浪费了自己的宝贵时间。

类似这样的案例在近几年中屡屡发生,这就是片面选择钱途所存在的问题。比较理想的状态是,开始的时候选择了"前途",多学点东西、多掌握一些基础技能、虽然开始的时候工资比较低,但是随着公司业务的发展及个人的努力,几年之后,工作经验有了,前途和"钱途"自然可以并驾齐驱,鱼和熊掌都可以兼得了。

有很多时候,前途与"钱途"是此消彼长的关系,在一定的时间内需要有所取舍，但是，有一点是确定的，那就是只要你肯努力，一定会有一个更美好的未来，你的“钱途”也会随之一帆风顺，步步登高。

7　将自己的潜力开发出来

忧虑往往能让人无法冷静去思考问题，甚至会在工作中成为阻碍我们成功的“绊脚石”。我们要在自己的日常工作中，脱掉忧虑，轻装上阵，尽力挖掘自己的潜力，将自己的潜能开发出来，将困难解决，创造出惊人的业绩。

日本著名的丰田汽车公司在创业之初，由于力量薄弱，资金不足，面临着很多困难。于是，他们一方面不断努力，改善自己的不足；另一方面不断探索，挖掘自身的潜力。结果，他们凭着超人的毅力，迅速扩大市场份额，成为全球知名的汽车公司。

可见，将自己内在的潜力激发出来，往往能够达到意想不到的效果。然而，职场上有些人却喜欢拖延，喜欢将今天的事情推到明天去做，这样的结果往往做不成任何事情。要知道，拖延是开发自身潜力的最大障碍。

著名画家柯罗是个十分珍惜时间的人。有一次，一个青年画家把自己作品拿给柯罗看，希望柯罗能给他一些建议。柯罗看过青年画家的画之后，指出几处他不太满意的地方。青年画家听了之后对柯罗说：“谢谢您的建议，明天我会全部修改的。”

柯罗听后却有些生气了，激动地问他：“为什么要明天？你想明天再修改吗？今天的事就应该今天做，不要等到明天再做！”

青年画家听后马上对柯罗说立刻就改。后来，这位青年也成为了一位杰出的画家。事后他常对人说，自己这辈子最感谢的人就是柯罗，正是他的那次生气改变了自己的一生。

既然你吃今天的饭，就不要把今天的事情拖到明天去做。在等待着一个又一个明天中，你浪费了一个又一个今天。最终，你浪费的是自己的整个生命。

拖延是个人责任感的敌人，更是扼杀工作效率的杀手，拖延会使我们所有的憧憬、计划和理想落空。如果你能够坚持今天的工作今天完成，即使你现在一无所有，最终也会抵达成功彼岸。

无论遇到什么样的困难，都不要找借口把今天的事拖延到明天，把找借口的精力用在努力工作上，总有一天会成就一番事业。有时候我们之所以说事情艰难，往往是由于我们没有尽到最大努力。我们说自己已经尽力了，实际上我们并没有把最大的潜力发挥出来。“世上无难事，只要有心人”，只要我们学会想尽一切办法，就没有不能解决的问题。

职场上，有时候我们需要逼迫自己做某些事情，因为人的潜力是非常大的，有的时候，自己都无法想象自己的潜力。只要逼迫自己激发出自己的潜力来，那做任何事情，将会非常容易获得成功。

一位在澳大利亚留学的中国留学生在刚到澳大利亚的时候，他几乎一无所有，平时连吃饭都成问题。为了利用业余时间寻找一份能够减轻学费的工作，他骑着一辆破旧的自行车沿着公路走了好几天，替人放羊、割草、收庄稼、洗碗……只要能给一口饭吃，他就会暂且停下疲惫的脚步。

一天，在唐人街附近一家餐馆打工的他，无意中看见报纸上刊登了澳洲电讯公司的招聘启事。留学生担心自己英语不地道，加上专业也不对口，他就选择了应聘线路监控员的职位。本来，他并没有对自己报有多大希望。但在一番过关斩将的激烈竞争后，却只剩下了他一个人，这是他之前所始料不及的。

眼看就要得到那年薪三万五的职位了，他的心中一阵激动。却没有想到在这个时候，招聘主管却出人意料地问他：“你有车吗？你会开车吗？我们这份工作时常外出，没有车寸步难行。”

其实，在澳大利亚，大多数的公民都拥有私家车。几乎每个人都有一辆属于自己的私家车，而没有车的人，真可谓少之又少。可是，这位留学生初来乍到，又没有什么经济收入，他还真是无车族。为了争取到这个极具诱惑力的工作，他不假思索地回答："我有车！我已经考过了驾照！"

主管说："那太好了，一周后，开着自己的车来上班吧。"

可是，一个身无分文的穷学生，想在四天之内买车，谈何容易？但为了生存，他豁出去了。他在华人朋友那里借了一些钱，从旧车市场买了一辆快被市场淘汰的"甲壳虫"，这样，他便成了名副其实的有车一族。

第一天他跟华人朋友学简单的驾驶技术，第二天在朋友屋后的那块大草坪上模拟练习，第三天歪歪斜斜地开着车上了公路，第四天他居然驾车去公司报到了，时至今日，他已是"澳洲电讯"的业务主管了。

可见，一个人如果在最困难的时候，在工作中将自己的潜力完全发挥出来，就能够得到意想不到的效果。人的潜力是无穷的，不管是在日常生活中，还是在平时的工作中，我们都要将自己这种潜力激发出来。

只有将潜力激发出来的人，才能在工作中一帆风顺。要知道，人的潜力是无穷的，它能做到任何看似不可能的事情，蕴藏的潜力激发出来，往往超乎想象，将许多困难的事情变成容易的事。因此，我们需要在自己平时的工作中，将自己最大的潜能激发出来。

8　职场上的机会比工资更重要

对于大多数人而言，钱的诱惑是无法阻挡的，他们都幻想着挣更多的钱来改善自己的生活。然而，决定你能挣多少钱的是工作，因此，挣更多的工资成为了职场中人毕生的追求。

但是，你需要明白的是，发工资的是老板，你能做的只有通过自己的努力，做好你的工作，提升自己在老板眼里的价值，以便让他为你开出更高的工资。而想要打动老板的途径就是抓住任何职场中的机会,大展拳脚,引起老板的注意。

罗刚是某银行一名普通的职员。刚进入银行上班时,他所挣的工资只能勉强维持生活。后来,工资涨了些,但他的生活仍然还是捉襟见肘。

正在这时,罗刚在网上看到一家汽车公司的招聘信息,罗刚的心动了。他从小就喜欢汽车,曾经梦想做一份与汽车相关的工作,后来阴差阳错学了金融,毕业后又顺理成章地进入了银行工作。现在,有一个做自己热爱的行业的机会,罗刚没有任何犹豫地辞了银行的工作。

罗刚很快成了这家汽车公司的一名销售人员。他很热爱这份工作,工作非常努力。每次老板交给他的任务他都当成是一种锻炼,一种机会。

一年后,罗刚为公司做出了很大的业绩。于是,他便向老板毛遂自荐,想要做管理工作。

老板对他说:"现在中层管理职位没有空缺,只有设备安装工作需要一名主管,你如果愿意,我可以让你担任这个职务。但是,由于这个职位的工作属性所限,我不保证给你加工资。"

听了老板的这番话,罗刚犹豫了一下。倒不是工资多少的问题,而是他从来没有做过设备安装这方面的业务。但是,罗刚感觉这对自己来说是一次机会,他不想错过这次机会,便爽快地答应了老板。在这个岗位上,罗刚充分发挥自己的管理才能,将这份工作做得有模有样。结果,他的工资涨了一倍。

后来,老板告诉罗刚:"当我对你说那个职位的时候,我本来以为你不会答应,因为我也知道你根本连图纸都看不懂。没想到你居然答应了,更没想到你竟然做得这么好!"

罗刚在工作中抓住每一次微小的机会,他的部门工作效率非常高,深得公司上下一致好评。对于这些,老板自然看在了眼里，他提拔罗刚做了公司的副总经理。

罗刚退休后，担任公司的顾问，年薪只有一块钱。但他仍然像年轻的时候那样，竭尽全力地工作着。因为他明白：机会比工资更重要。

故事中的罗刚让人佩服，也给人以启迪。他永远会抓住任何一个微不足道的机会，然后尽自己全力做好自己的工作，最终自然而然地获得成功。在他眼里，工资远不如机会重要！

可是，在职场中，许多人可不是这么想的，要知道，与机会相比，工资就显得不那么重要了。世上没有人一开始就是个事业有成者，他们也曾拿过很少的工资，也曾很惨地生活过。但是，他们都抓住了属于自己的机会，最终成就了自己。

比如，阿里巴巴的创始人马云，他也曾经低落过，迷茫过，但现在却成了 IT 界呼风唤雨的领军人物。是什么让他拥有了今天的成就？是他们拥有抓住机会的本领！

他们懂得机会比工资更重要。因此，对于许多职场上想要拿高工资的白领们来说，应该锻炼和培养自己寻找和抓住机会的能力，这比工资要重要得多。

如果没有真正的过人之处，老板给出再高的工资也是昙花一现。而真正的过人之处，就是指你能发现机会的能力。

对于刚刚参加工作的年轻人来说，不能将眼睛只盯在工资上，你要关注的是工作背后的机会；更不能老想着跳槽，要学会踏实的做好每一件事情。只有勤奋、努力，机会迟早会来到你身边，你也终将会有升职加薪的那一天。

其实，任何一份工作，只要你工作努力，都会得到丰厚的回报；如果整天混日子，你在哪里也待不长。因此，当你找到一份工作的时候，最先考虑的不是这份工作工资有多少，而是这份工作能带给你的其他回报有多少，比如发展空间、成长空间等，相对于这些，工资多少就不那么重要了。

尤其对于那些刚参加工作的年轻人，千万不能凭着工资的高低来为自己找工作,而要看你所从事的这份工作能否会带给你价值感和成就感。同时,我们也要清楚,大多数老板都是精明的。他们想要的是能在某个工作岗上做出贡献的员工,而不是碌碌无为的庸才。同时,他们会根据每名员工的实际情况进行测评。然后根据员工的个人素质和业绩的高低来确定谁应该被提拔,谁应该被淘汰。那些坚持不懈,努力奋斗的人,迟早会有被重用的一天。

在大多数职场人士都在为工资生活的现代社会,只要你能不为所动,就能够迅速脱颖而出,迈出成功的第一步。而任何一个想在职场获得成功的人都应该明白:职场中工资固然重要,但它并不等于工作的全部。比工资更重要的,是如何寻找到获得高薪的机会。

因此,在职场中游走,不要花太多的心思去考虑你的工资,要把大部分时间用来提高自己的综合能力。当你积累到一定程度的时候,只要是任何一个哪怕微不足道的机会,都能让你华丽转身,成为职场中真正的强者。

第五章　学会珍惜，你的工作来之不易

人生匆匆，为使一生不留遗憾，就要让自己懂得珍惜，珍惜自己生命中的每一寸时光，珍惜让自己成长的每一个机会。也许，我们眼下的工作并不能让你过上舒适的生活，也许工作中还会有一些地方不如人意，与其憧憬明天的海市蜃楼，不如脚踏实地抓住今天，好好工作，让自己的生命在平凡的工作中得到升华。

1　工作是你的立身之本

每个人来到这个世界上最大的任务就是要养活自己，而养活自己需要一份稳定的工作。而且，你还需要不断努力，将工作做好，这样才能让自己更好的生活。从这个角度上来讲，工作是立身之本，是幸福的源泉。

努力工作，才能养家糊口，才能供房贷，才能过上自己想要的生活。当你工作不顺利或失去工作的时候，你会感觉到一种无助和压力。在现代这个物质社会，许多人赖以生存的基础就是工作。

在我们漫长的人生中，大多数时间都是在职场度过的。工作的成败直接影响到生活的质量，因此，我们要像珍惜自己生命一样珍惜自己的工作，我们才能做到最好，让自己在职场上有所作为，以最优秀的成绩来回报社会。

工作是立身之本，是非常重要的。因此，要在工作中逐渐培养自己适应快节奏的工作能力，让自己能够快节奏地工作。

在生活中我们经常看到这样的人，他们整天忙忙碌碌，总是觉得自己没有时间，但细究起来，却发现自己并没有做出多大的成绩。

这是为什么呢？其实只要稍微留意一下其工作状态，就很容易得到答案。这种人做事往往很松散，任务能拖就拖，时间紧迫的时候五件事用一天的时间做完，轻松的时候两件事也同样要用一天的时间做完。

天通软件公司的职员王凯就是这样的人，工作不紧急的时候总是喜欢拖一拖，搁一搁，中途喝杯饮料或者跟人聊一会儿天，结果工作常常要拖到下班后才能完成，总是觉得没有能够休息的时候，觉得工作压力很大很累。

而跟王凯同时进公司的蒋丰却与他不同。小蒋做事很利落，反应迅速，应对及时，每天都准时下班，休息时还常去旅游交友，完成的工作却比王凯更多更好，很受老板赏识，马上就要被提拔成部门经理，成为王凯的顶头上司了。

王凯和蒋丰同样花费了时间，却取得了不一样的工作效果，甚至是工作效果好的蒋丰花的时间更少。显然，这是工作意识和时间观念上的问题。

你是否也是王凯这样的工作状态？花费了时间却效率很低？如果是的话，那么你就应该赶紧培养紧急意识，加快工作节奏了。

生命和时间是有限的，我们每时每刻都是在跟时间赛跑。所以，工作时就应该随时保持一种紧迫的精神状态，力求以最快的速度解决好手头上的事情，把节省出来的时间用来做别的事情或者用来休息，以提高工作效率。

美国《时代》周刊每年都评出100位“全球最具影响力人物”，百度总裁李彦宏曾是入围者之一。这个笃信“把事情做到极致”的天蝎座男人，有一句非常经典的话：“公司离破产永远只有30天。”正是这种紧迫感，促使他带领他的团队用更高的效率去工作，从而避免了“公司破产”的可能性。

这种说法可能有些过激，但它说明了我们以快节奏工作的必要性，所以说，不要把时间浪费在那些无谓的琐事上了，让我们在心中始终保持一种信念，让我们每一分钟的价值都达到最大化。

2 学会珍惜手头的工作

日常的工作和生活中，我们要懂得工作机会的来之不易。因此，当我们想要跳槽的时候，当我们想要辞职的时候，都要考虑充分，在没有准备好之前先不要冒险。同时，我们在工作中也不能为了赶时间，充场面，而冒险公布不成熟的计划，尚未尽善尽美的作品，倒不如暂时搁置，深思熟虑，细细研究之后再重新推出。而一旦时机成熟，就要当机立断，一次完成，不留尾欠，更不留下返工的后患。返工的时候，你必须从头来过，以前的努力多付之东流，你的效率就在这反复中降低了一个档次。

很多时候，我们容易犯这种时机不成熟就贸然行动的错误，带来的结果很可能是最后需要返工。究其根源，通常是因为我们在工作中过于纵容自己，而不够严谨，过于求其成而不求其完美。一味求快，只能让我们增加返工的可能性，只能让我们一次又一次地浪费时间。

“自我妥协”是人类的天性。但是，如果无法战胜天性，我们就很难获得过人的成就。我们在生活中经常为自己设定一些退路，例如一个项目，我们并不追求其尽量完整和充分，因为我们心中在想着还有很多机会去修正和改变。这种对自我的妥协，经常导致的是很多事情我们就需要重新完成。

这样一来，很多时间和精力就会被浪费掉，很可惜。只要我们在当初第一次做这份任务的时候，关口把严一点，要求严格一点，就可能完全能够避免。但是，我们给自己设置了退路，我们向自己和原则妥协了。

许多职场人士总感觉自己缺少机会，没能发挥能力的平台。他们时常这样问自己：“就凭我的能力，做这样平凡的工作，未来有什么希望呢？”

可是，在平凡的职业中，在普通的职位上，往往潜藏着巨大的机会。只要自己通过辛勤的耕耘，将自己的手头工作做好，做得比别人更完美，更正确，更有成效，才能引起公司领导者的关注，从而给你一个更大的平台去发挥。因此，不管你的工资多么低，职位多么普通，都不要轻视自己的工作，要带着一颗感恩的心去珍惜你的工作机会。

因为，任何一次工作的机会都是来之不易的。如果你对自己的工作不负责，不懂得主动去工作，不明白工作的意义，那你将会为此付出沉痛的代价。

有五个年轻人，由于对单位的工作环境与待遇现状不满，先后均停薪留职，另谋高就。结果只有一个人闯出了一番事业，其余的四人虽踌躇满志，几年以后都悻悻而归。看着本属于自己的岗位，现在已经被别人占据，表面上虽然故作镇静，但是心里却非常不是滋味。曾经，他们都是那么豪情万丈，胸怀远大理

想，但是，由于在选择上的不慎重，造成了一生的遗憾。

市场竞争如大浪淘沙，能真正在市场经济竞争中笑傲江湖的人毕竟是少数，对工作不满，就立刻辞职不干，是对自己不负责任的一种表现。同样，那种四平八稳、不求有功但求无过的工作作风，也是不珍惜工作的具体表现。

其实，这些人根本就没有意识到，任何一个工作岗位，都蕴藏着机会。关键是自己有没能恒心和毅力去开发它。那些不懂得珍惜自己工作的人，往往也得不到工作的珍惜，总是在失意和失业中不断地抱怨着。

不管走到哪里，我们总会看到一些满身才华的失意者。当你和他们交流时，你会发现，他们从来没有珍惜过自己的工作机会，从来没有在自己的工作岗位上踏实地工作过。他们除了叹惜自己生不逢时，就是抱怨公司，抱怨社会，从来没有在自己身上寻找过原因。

要知道，任何一份平凡的工作都是一座丰富的矿藏，每天都有无数人失业，无数人找不到工作，无数人都在为一份简单的工作而苦苦寻觅。而你，却放着好好的工作而不懂得去珍惜，这是多么大的一个损失啊！

因此，不要好高骛远，要学会踏实，懂得珍惜自己所拥有的工作机会，踏踏实实地将自己的工作做好。当我们拥有某份工作的时候，在我们还在某个岗位的时候，要学会去珍惜它，千万不要在工作面前挑肥拣瘦，牢骚满腹。

现在的竞争压力在逐步加大，工作机会更加难得。只要你拥有一份工作，就要珍惜这来之不易的工作机会，将自己的汗水洒在工作岗位上，这样才够能获得更大的进步，为自己争取来更大的舞台。

任何一个工作机会都是一个阶梯，只要把握好手中的机会，你就能沿着这个阶梯不断攀登，去实现自己心中的梦想。

3 你必须有一样独特的本领

现如今,你只要业有所精,技有所长,使自己在某一领域中有过人之处,你就能获得更多成功的机会。否则,自认为是多才多艺,实则是样样不精。很多东西我们可以不会,但我们不能什么都不会!我们必须会一样,并把它做到极致。

如果一个人没有什么特色,那将很难在芸芸众生中脱颖而出。大千世界,人几乎是无所不能的,但是达到目的的基础是必须要寻找一个有特色的竞争点。

这个竞争点就是如何把握自己人生的特色。人生需要有特色,就像开饭店一样,要有独特的口味吸引顾客。

刚刚毕业的大学生如何在竞争激烈的条件下寻找到属于自己的位置?这就要先找出自己的特色,特点找到了,优势找到了,对你未来的职业生涯会有很大的帮助,特别是在应聘时,你就成为在机遇面前成为一个有准备的人。

也许,你许多事情都不会做,做不好,这些都没关系。但是,你一定要投入全部精力去完成一件事情,做到有一样是出色的。这样,你就能得到许多你意想不到的东西。

德国一家电视台曾组织过一次活动:内容是在全国范围内征集"十秒钟惊险镜头",许多人都积极地报名参加,将自己得意的作品发往电视台,这次活动一时间成为了人们谈论的焦点。活动结束后,在众多的参赛作品中脱颖而出获得冠军的是一个名叫"卧倒"的镜头,拍摄这个镜头的是一位刚刚踏入新闻界的年轻人。

几个星期以后,电视台在黄金时段播出了这个作品,那天晚上,许多德国观众都坐在电视机前观看这个获奖作品。最初的时候，大家都议论纷纷，并不时地指指点点，抒发着个人的意见。十秒钟过后，每一个人的眼泪中都噙满泪水。当时，在这个十秒钟的节目播完后，整个德国足足肃静了十分钟。

这个镜头是这样的：一个铁路扳道工正走向铁路，去为一辆即将到站的火车扳动岔道。这时，在铁轨的另一头，还有另外一辆列车徐徐使过。如果不及时扳道，两列火车就有可能会撞在一起。

这时，扳道工无意间回头一看，发现自己的儿子正站在铁路上玩耍，而那辆马上要进站的火车就行驶在这条轨道上。是不扳开岔道，让两列火车撞在一起，还是扳开铁道的道岔，让列车从自己儿子身上碾过？

当时，留给他思考的时间太少了，在这生死攸关的时刻，扳道工向自己的儿子大喊一声："卧倒！"同时，他扳动了岔道。一瞬间，两列火车同时呼啸而过。火车上的旅客们并不知道，他们的生命曾经面临着巨大的危险；他们更不知道，一个幼小的生命正乖乖地卧在铁轨中间，一动不动。

火车过后，那个卧倒在铁轨中央的孩子竟然毫发无损。

这个扳道工只是一名普普通通的工人，没有任何特别之处。要说他唯一的优点就是对工作认真负责，十几年来从来没有耽误过哪怕是一秒钟的工作。更让人大感意外的是，这个在列车下死里逃生的孩子，竟然是一个弱智儿童。

当记者采访的时候，扳道工告诉记者："我曾不止一遍地告诉儿子，你长大后能从事的工作实在是太少了。但是，你必须有一项是出色的，你要训练你的身体快速接受命令的能力。"

儿子并不懂父亲说的话是什么意思，但是他始终坚持接受父亲的训练。父亲向他发出指令的时候，他都会非常敏捷地做出反应。当父亲让他"卧倒"的时候，他马上卧倒了，因为，他以为这仍然是一个游戏，在游戏中，他做得最好的动作就是卧倒。

生活中，不管你先天条件如何，也不管你身处什么样的境地，都应该对自己有一个正确的认识，对别人有一个正确的认识，做到“有一样独特的本领”，也许这个本领是那么微不足道，但是，关键时候，它可能会救了你的命。

著名作家托尔斯泰曾说过：**“一个人重要的不是你拥有多少种本领，而是你需要有一种技能是出色的。”**

现代社会中，许多人都拥有多种技能，有多张证书，是所谓的复合型人才，但他们却没有一项属于自己的特长。这样，当真正遇到困难，需要人才的时候，这些人根本就派不上任何用场。

因此，我们在生活和工作中，要学得一技之长，让自己有一样是出色的。这样，才能让自己在社会中更好地生活，在职场竞争中立于不败之地。

4 抓住每一个转瞬即逝的机会

当我们明白自己的工作是来之不易的时候，就会加倍珍惜任何一个工作机会。

不要只问公司为你做了什么？要常常地问：我为公司做了什么？工作本身没有贵贱之分，所有正当合法的工作都是值得尊敬的。所以无论我们现在的工作在一般人看来是好是坏，我们都要珍惜目前的工作。

只有把自己的工作，做得比别人更完美、更迅速、更正确、更专注，调动自己全部的智力，在职场上做出惊人的业绩来，这样便能引起别人的注意，从而使自己有发挥本领的机会，满足心中的愿望。所以，不论月薪是多么微薄，都不该轻视和鄙弃自己目前的工作。

在生活中，我们总是能听到许多人感慨时运不济，怀才不遇。其实，就在我们的眼前，就在我们的身边，也许正潜藏着不为我们所知的机遇。

约瑟夫是一名乡下来的小伙子，来到繁华的大都市纽约闯荡。他来的时候身无分文，只好在一家洗衣店找了一个工作，负责在洗衣店里接待客户，每天跟家庭主妇打交道。

约瑟夫在工作中发现，洗衣店把洗好的衬衫放在一个整齐的硬纸板上，这样会让衬衫显得更平整。

约瑟夫发现很多顾客回到家里都把那张白纸卡扔进了垃圾筒，他感觉这样做非常浪费，白纸卡用了一次就扔掉也非常可惜。于是，他跟老板提出，想在这张白纸卡上设计一些内容，比如营养食品的搭配和小笑话等内容。

可是，老板说：这不是你的本职工作，我不会因为你要做这个，给你额外加薪水的。

约瑟夫说："没有关系，我只是想要尝试一下。"于是，老板也就同意了他的建议。

约瑟夫找了一些菜谱，进行一番设计，先是用打印机打印了一百份白纸卡，放在洗好的衬衫的背面，没想到这个举措得到了顾客的欢迎。

很多家庭主妇都喜欢得到这个菜谱，为此，甚至会舍近求远，专门把衬衫送来他们这个店里来洗。

老板看到这种情况当然高兴，就把这项工作专门交给了约瑟法。

约瑟法一方面联系了印刷厂，一方面联系了一些家居用品的销售公司，然后他将这个印刷在白纸卡上的广告权销售出去，为公司赢得了可观的利润，同时，他也因此项创意获得了洗衣店老板的信任，并且成为洗衣店的股东。

在我们的社会上，总有一些成功的人，他们之所以能够取得成就，除了他们的个人能力、社会关系之外，最重要的是他们判断准确，能够抓住身旁的机遇，当机遇到来时，他们总是能够准确判断，并迅速出击，从不让机遇从自己身边溜走。所以，我们在生活中，也要注意积累经验，积累人脉关系，提高自己的能力，这样才不至于机遇到来时，我们却抓不住它。

其实，人的生命是有限的，生命之途不过匆匆万余日，弹指一挥间。虽然我们无法延长自己的生命，也无法让自己的生命永远存在。但我们却可以为了追求自己的生命的价值，奉献自己的一切。我们可以终其一生，默默地奉献，让自己的生命价值在奉献中实现永恒。

生命的价值不在于生命的长短，而在于生命的宽度。那些默默地奉献着的人，那些无怨无悔地拼搏着的人，那些任劳任怨工作着的人，其生命都是有价值的。

正如臧克家的一首诗中所写的那样："有的人活着，他已经死了；有的人死了，他还活着。"

有些人，虽然活得很久，但那种庸庸碌碌的生活会让自己像一具行尸走肉；有些人，虽然已经逝去，但其灿烂的生命就像天边的那道彩虹一样，虽然不长久，却能焕发出永恒的美丽。因此，我们就要在自己的日常生活中，抓住每一个转瞬即逝的机会。

5　梦想蕴藏无穷力量

每个职场上工作的人都有自己的梦想，要知道，梦想往往蕴藏着不可想象的力量。对于大多数人而言，他们心中都有两个梦想：一个是你的人生梦想，另一个就是你的职业梦想。人生梦想需要职业来帮助实现，所以，首先要确立的是你的职业梦想。

所谓职业理想，是人们为实现某种社会理想，依据社会分工的需要和个人所具有的劳动力素质条件来选择职业或专业，并追求在自己所选定的职业中努力奋斗做出应有的贡献，实现人生价值，它是择业者个人对在社会中所处的地位、作用的追求和向往。

比如有人从小就决定将来长大以后一定要做一个出色的医生，一旦当上了医生之后，勤奋学习，刻苦训练，争取做一名优秀的医生，最终实现了这个愿望，这就是职业理想。

在现实生活中，有些人智商并不低，职业能力也不差，但选择一种职业后干得并不理想。其重要原因是没有一个正确的职业理想，没有采取为实现职业理想踏踏实实去干的具体措施。这就导致了他们不会选择到理想职业，即或因某种机遇选择到了职业，也不会坚持干下去，因此，对择业者来说在择业之前，确定职业理想是十分必要的。

当一个人明确地确定了自己的理想和职业方向时，也就确立了职业理想。职业理想一经确定，就要为实现这一理想而努力奋斗。

这一天，49 岁的伯尼·马库斯像往常一样，提着公文包去公司上班。在 20 多年的职业生涯中，他勤勤恳恳，兢兢业业，才做到今天职业经理人的位置上，其中充满了艰辛困苦。他只要再这样工作 11 年，就可以安安稳稳地拿到退休金了。可是，他万万没有想到，这，将是他在公司工作的最后一天。

"你被解雇了！"

"为什么？我犯了什么错？"他惊讶地问。

"不，你没有过错，公司发展不顺利，董事会决定裁员，很抱歉，只能这样了。"伯尼·马库斯在一夜之间，从天堂跌入地狱，从一名受人尊敬的公司经理成了一名在街上流浪的失业者。

像所有的失业者一样，繁重的家庭开支迫使伯尼·马库斯必须找到生活来源。那段日子，他常常去洛杉矶一家街头咖啡店，一坐就是几小时，化解内心的痛苦、迷茫和巨大的精神压力。

有一天，他遇到了自己的老朋友——和他一样，同是经理人现在也同样遭到解雇的亚瑟·布兰克。两个人互相安慰，一起寻求解决的办法。

"为什么我们不自己创一家公司呢？"

这个念头像火苗一样，在伯尼·马库斯心中一闪，点燃了压抑在心中的激情和梦想。于是两个人就在这家咖啡店里，策划建立新的家居仓储公司，两位失业的经理人为企业制订了一份发展规划和一个"拥有最低价格，最优选择，最好服务"的制胜理念，并制订出了使这一优秀理念在企业发展中得以成功实践的一套管理制度，然后，就开始着手创办企业。当他们开始准备创业的时候，时值公元1978年春天，30年后，美国家居仓储公司已经发展成年销售额300亿美元的世界500强企业。

如果不是被解雇，他们无论如何也不会成为跻身世界500强企业的缔造者！如果不是被解雇，他们现在只是两个靠每月领退休金度日的老人。

人生是一次长途旅行，当一扇门关上的时候，你千万不要把自己关在里面，因为世界上不止一扇门，这一扇门关闭之后，一定会有另外一扇门为你打开。

很多大学生都感到自己的生活很迷茫，或许，这种迷茫就是在寻找一个给自己的定位，或是在寻找人生的意义。

人在奋斗的过程中难免会遇到各种困难、挫折和失败，拥有什么样的心态，是成功者与普通人的区别。许多人经历了无数次失败之后，最终迈向成功。

任何一次失败，都会让一个坚定的人更加坚定，勇敢的人更加勇敢。不经历风雨，怎能见彩虹，如果没有尝试过失败的滋味，你又怎么能体会到成功的甜美和来之不易呢？所以说，越是面临失败，越要奋发图强。历经失败的痛苦，才能找到真正的自我、感受到真正的力量。

在一次战争中，一枚炮弹炸毁了一座花园般的城堡，却炸出了一个泉眼，汩汩清泉喷涌而出，这里后来成了著名的喷泉景区。挫折也是这样，它暂时破坏我们的心灵，却激发奋斗的动力。

世上很多事都如此，福祸相连，相互转化。有位著名的哲人说过：越是看似不可克服的困难，越往往是新发现的预兆。在人的天性中，有一种难以言说的力量。这种力量是无法形容、也无法解释的，它似乎不在普通的感官中，而隐藏在心灵深处。

6　用100%的热情做1%的事

对于职场人士来说，热情就如同生命。凭借热情，我们可以释放出巨大的潜能，发展成为一种坚强的个性；凭借热情，我们可以把枯燥乏味的工作变得生动有趣，使自己充满活力，培养自己对事业的狂热追求；凭借热情，我们可以感染周围的同事，让他们理解你、支持你，拥有良好的人际关系；凭借热情，我们更可以获得老板的提拔和重用，赢得宝贵的成长和发展的机会。

大多数的员工在进入一家新公司后，刚开始时一定是全力以赴，凭借着对新鲜事物和环境的好奇，再加上一腔热情，什么辛苦都不以为然。但是，慢慢的，时间久了，自己也有了一些成就之后，谦虚和热情渐渐地都抛诸脑后，越是一帆风顺、春风得意，就可能越是傲慢自大而没有自知之明。

世界上许多惊人的成就，都是因为参与者投入了100%的热情才得以成功的。著名的拿破仑发动一场战争需要两周的时间去准备，而别人则最长需要一年，为什么会有如此大的差别呢？主要是因为拿破仑对待战争有着无与伦比的狂热。任何一件工作，只要肯投入100%的热情，就能创造奇迹，会收获意想不到的回报。

在中国革命历史上，也有这样的实例。秋收起义失败之后，很多同志感到悲观失望，认为国民党反动派太强大了，不知道革命是否能够取得最后的胜利。

这个时候，毛泽东同志笑着对大家说："同志们！国民党反动派虽然很强大，他们像个大水缸，而我们虽然很弱小，但是我们就像一块小石头，总有一天，我们这块小石头，一定能砸烂这个大水缸！"

毛泽东同志的高度的自信和热情，感染了大家。后来，在井冈山创建了红色根据地，中国革命的星星之火，最后终于形成了燎原之势，中国革命终于取得了伟大的成功。

一个人的成功与否在于他是否做什么都力求最好,用百分之百的工作热情去完成百分之一的工作,成功者无论从事什么工作,都不会轻率疏忽,满足现状。

相反,以高度的热情,在工作中以最高的标准要求自己,这就是一种对待工作的认真的态度,我们也许就是缺少这样一种坚决的态度。

热情对于一名员工来说,如同生命。凭借热情,我们可以释放出潜在的巨大能量,发展出一种坚强的个性;凭借热情,我们可以把枯燥乏味的工作变得生动有趣,使自己充满活力,培养自己对事业的狂热追求;热情就是要随时保持精力充沛,有人觉得自己的工作枯燥乏味,没新意,首先想想自己的工作态度,什么都可以创新,如何让工作变得有趣味,关键看你是否真正爱上了自己的工作。

用100%的热情对待1%的事情,不管这1%的事情是多么不值一提,微不足道。将这1%的事情做好了,你会发现,原来,工作并不像你想象中的那么枯燥。

那些伟大的人物可以通过热情来改写历史,普通的人们可以通过热情来改写自己的人生。

在心理学上,热情会改变别人对待你的态度;在成功的道路上,热情能为你提供一种动力,让你产生巨大能量,鼓舞着你一路前行。

依靠我们的热情,我们可以释放出自己坚强的个性;凭借我们的热情,我们可以将简单枯燥的工作变得生动有趣,让自己时刻充满激情与活力。同时,热情还可以感染别人,让别人也像你一样乐观坚强,永远保持着热情的微笑。

职场上,一个没有热情的人很难做出优秀的业绩来,也很难在工作中提高自己的水平。缺乏热情,将会很难在职场上获得进步,也不会拥有充实与快乐的人生。

热情是员工前进的动力,可以想象,一个没有热情的员工不可能始终如一高质量地完成自己的工作,更不可能做出创造性的业绩。如果你对自己的工作失去了热情,那么你永远也不能够在职场中立足与成长,永远不会创造出属于自己的事业,也不会拥有充实的人生。因此,要想在事业中获得成功，要想拥有充实的人生，那么，从现在开始，不要再计较手中的工作是多么的“微不足道”，对它倾注你全部的热情吧！

7 激活灵感，充分整合

生活中很多创意都来自灵光一闪的瞬间，不但讲演和写作需要灵感，现在科学家的发明也需要有灵感，企业家的企划也需要有灵感。

但是，灵感不是凭空而来的馅饼，一不小心就掉在你的头上，灵感来自平日的积累，当一个人平时将思考、揣摩、研讨形成习惯的时候，才有灵感：如果不经过自我的努力，灵感从何而来呢？

平常一个普通人如何能忽然有灵感呢？农夫在耕种时有了新发现，从农作物的成长中忽然有了灵感，进行了农业的改良、发明，果农在果园里看到花开花谢，启发灵感，他也能培养出新品种。所以，凡是专心创业的人，在专心创业中都可以得到灵感。

杨惠姗与张毅导演拍摄最后一部电影《我的爱》的时候，片里用上很多琉璃做道具，给杨惠姗留下了很深的印象。在此之前，她从来没有想到过，琉璃做成艺术品之后，是那么美轮美奂。一般的素材质地只能做平面的东西，可是琉璃可以看到里面，真是有趣极了！

就是凭着这个灵感，1987 年，台湾影星杨惠姗在事业的巅峰毅然引退，与丈夫张毅共同创立琉璃工房，投身中国现代琉璃艺术创作当中。

但是，离开自己熟悉的电影行业，到一个全新的行业中发展，其中，不仅需要灵感，更需要勇气、信心，触类旁通的能力，以及充分整合中国传统文化的能力，最后他们终于克服了重重困难，成为世界知名的琉璃工艺大师。

从一个偶然的现象中得到灵感，然后充分整合，使得自己的事业更上一层楼的事例很多，也许很多人都无法想象，生产汽车的流水线，竟然是从屠宰场受到的启发。

有一次，福特经过一个屠宰场，发现屠宰场的流程很有意思，一头猪从被吊上钩子、去毛、脱皮直到被屠宰完成，都是在一个环形的架子上进行的，中间不需要将猪搬运到不同的地方。福特就想自己的汽车生产是不是也可以这样呢？于是他就开始将自己公司生产汽车的流程重新改造，协调各项资源，把各个工序的加工人员和加工地点进行合理的匹配。通过不断的资源整合，大大简化了生产工艺。不久后，世界上第一条流水生产线产生了。

由于流水生产线的产生，汽车不再需要运送到各个分厂进行装配，只要在一个地方就可以完成全部工序，一切都围绕完成汽车加工这个目标而运行。这样不仅简化了工艺流程，还大大提高了生产效率，节省了大量的宝贵时间，从而带来了丰厚的利润。

流水线生产是对通过资源整合、改进工作方法的最好诠释，从某种意义上讲，在当今社会技术不是关键，而根据特定的目标和事物来进行资源整合才是最重要的。只有将目标与可实现目标的资源合理地整合到一起，使它们相互作用，才能达到理想的效果，也可以减少一些不必要的时间浪费。

另外，在与整合资源密切相关的是工作方法的改进，方法是撬开问题之门的金钥匙。没有具体的方法，任何美好的理想和愿望都只是一张草图。

看起来大家都在忙碌，但完成的工作量可能差异很大，为什么呢？你需要明白该怎样工作才能提高效率。只有不断改进你的工作方法，才能让你游刃有余地处理好日常事务，摆脱疲劳与忙碌带来的困扰，获得更多的快乐和自由。

现实生活中有许多人活得很累，工作很勤奋，但就是不能取得突破，原因你明白了吗？不要忘记，适时审视改进你的工作方法，一些看上去无关紧要的细节，就可以让你事半功倍。

我们身边有许多人每天工作忙得不可开交，在同样的一天中，他们过得比别人还要累，但是却没有别人的成绩显著。为什么呢？原因就在于他们无形中陷入了“常规工作陷阱”。他们的“忙碌”，只是被例行常规的事务缠住了，而没去做真正想做的、重要的事。常规工作是每天必须做的事情，但是也是最容易把你套进去的事情，所以处理好这类事件显得尤为重要。

(1)建立台账法

在工作中建立必要的台账，使杂乱无章的事务性工作从无序走向有序，是处理好各类事务的一种有效手段和基本方法。目前，随着计算机的普及和推广，可运用办公自动化手段，借助数据库管理软件，分门别类地建立人事档案、工资福利、车辆管理、值班记录等多种台账。当一次性录入数据后，只要平时做好数据的管理、维护和更新，就能在需要时及时调用，做到有备无患、高效快捷。

(2)触类旁通法

日常性事务虽然琐碎，但又是有章可循的，我们要通过对具体琐碎事务的处理见微知著、举一反三，将事件分类，取得更多的工作主动权。只有这样，你才能够为自己寻求到解决问题的真正方法，让自己在处理起工作来更加得心应手。那些在工作中能够做到触类旁通的人，大多是聪明的人。而这些聪明的人，只要坚持奋斗，大多都会成长为公司独当一面的管理人员。

(3)综合处理法

在日常工作中，将事务性工作按照轻重缓急进行排列，优先处理重要的事和急事，对一些不重要、不紧急但又必须办的事务，采取合并同类项的方法有计划地进行处理，可以收到事半功倍之效。

(4)授权委托法

在特殊的情况下也可将一些常规性事务工作委托其他人员处理，以集中精力处理难事。比如，可把文件复印、装订等简单的操作性事务交打字员完成，等等。

最后，处理日常事务始终不要忘记：时刻关注每天的中心任务，不要为常规性事务拖累而把重要的事情放在一边。做到以上的这些，你就能在无形中改进自己的工作方法，让自己在工作中更加轻松自由。

当然，对于那些需要很长时间才能完成的工作，你可以将整件事情划分成一个一个的阶段，然后一步一步完成。如果这是一件主要工作，而且细分阶段也很多，那就排一个详细的计划表，但是要使每一个细小工作简化便于工作可以在几分钟以内做好。

这样当你在每次与人会谈之间，或在等电话的几分钟内，就可以解决一两项立即可以做好的小事。没有这张工作分段表，你可能永远不会着手去做这件大工作。

当你发觉重要的、难办的工作时，你可以尽量把它分成许多小而易于立即去做的工作，而不要强迫自己一下子完成整个式样，但要做好你表中所列出的许多"阶段工作"中的一项。

请记住：这项工作的第一阶段——第一件可以立刻做的小工作——就是用文字列出这件整个工作进行中的许多分步骤。当我们学会整合自己工作中的资源，改进我们的工作方法的时候，我们自然会得到老板的重用。

8　懂得有效利用工作时间

列宁这样教导我们，"少说些漂亮话，多做些日常平凡的事情"，但实际生活中还是有很多人只喜欢说漂亮话，不喜欢做实际的事情。

高尔基说：有的人之所以轻视实践，偏爱空谈，是因为"把语言化为行动，要比把行动化为语言困难得多"。但是，要知道语言不会帮你完成工作，只有实践才能做出实事，有所成就。那些只知道空谈的人实际上就是在浪费时间，没有付诸实践，不然，说什么都是废话。只有少说多做、脚踏实地的实干家，才能真正地利用时间，做出有意义的事情。

每个人的时间都是相同的，也都是有限的，如果一个人把过多的时间浪费在空谈上，那么他做实事的时间必然就减少了，他就会落到实干家的后面。

当你正在大吹大擂某个计划时，不妨先闭上嘴巴，去把计划付诸实践。当你的计划成为现实的时候，不用你去宣传，别人自然就知道了。

记住，空谈始终是空的，它不会有所成果，只会浪费时间，延误机遇。不要把过多的时间浪费在空谈上，只有少说多做，才能更好地利用时间完成更多有价值的事情。

一个生活平庸的年轻人感到自己的生活非常的乏味，没有什么机遇。于是他就去拜访一位智者，希望智者可以给他指出一条光明之路。

智者问年轻人："你为什么来这里？"

年轻人回答道："到现在我都还一事无成，我希望您能为我指出一条道路，让我在这条道路上可以寻找到自己的价值，取得成就。"

智者摇了摇头说："我感觉你很富有啊，和别人一样，时间老人也每天在你的'时间银行'里存下了 86400 秒。"

年轻人无奈地笑了一下说："那有什么用呢？时间既不能换来一桌美味的饭菜，也不能当成是一种荣誉……"

智者很严肃地打断了他的话，问道："你难道不觉得时间很珍贵吗？那你可以与去问问那个刚刚错过航班的乘客，一分钟值多少钱？去问问那个刚刚从火灾里被抢救出来的孕妇，一秒钟值多少钱？或者去问问那个刚刚与冠军失之交臂的运动员，一毫秒值多少钱？"

听了智者的话，年轻人忽然豁然开朗。

智者继续说："只要你能明白时间的价值，去发现一件自己想做的事情，你脚下的路就会变得通畅起来，你也可以更快地与成功靠近。"

听完这个故事，我们不觉喟叹，确实，时间是如此宝贵，宝贵得足够使我们成就一番伟大而超凡的事业与人生。然而，平时我们耗散掉了太多的空闲与零碎时间。如果把这些时间统计加起来，我们会感觉惊讶我们竟然浪费了这么多时间。所以,一个明智的人,是会不断反思并且精心管理自己的生活的。

在这个世界上,有许许多多的成功者,他们之间有千差万别,但最大的相同之处就是他们都能够少说空话,多做实事,在所做的事情中抓住了机遇,最终获得了成功。

1927 年,一个穷困潦倒的年轻人带着他的新婚妻子来到美国旧金山谋生,他们在这里开了一家小小的冷饮店,主要卖汽水。没过多久,正赶上全球经济衰退,他们的冷饮店被迫关了门。于是,他们便在家附近的一个十字路口,摆了一个冷饮摊。这是个繁华的十字路口,每天来来往往有很多人。但奇怪的是,很少有人停下来在这里买饮料。

有一天,当他们夫妻收摊回来的时候,看到旁边一家面包店的生意非常红火,他便有了一个主意。

不久,他与妻子商量,开了一家快餐店。他推出的热食品,有辣椒红豆、墨西哥饼、夹烤肉的三明治等,再加上他们两口子热情周到的服务,使得他们的生意非常好。

在夫妻俩的齐心努力下,快餐店的生意非常红火。年轻人一看发展的时机来临,便打算继续扩大经营。到了 1932 年,年轻人年经营的小店已增加到了 7 家。

经过了近 30 年的奋斗,年轻人已步入壮年,他拥有了大小餐馆近千家,员工 3 万多人,年营业额在 4 亿美元左右,而年轻人的名字也随着自己的事业在世界上广为流传。创造这一奇迹的这个年轻人,就是梅瑞特公司的创办人约翰·梅瑞特。

可见,一个小小的餐饮店,是凭借什么力量,获得如此的成功呢?最主要的是他们对机遇的把握,对当时形势的正确判断。对此,我们也不妨反思一下,在我们的身边,有哪些机会被我们无意中疏忽掉了呢?抓住机遇,就等于掌握了未来。

第六章　合理规划，提高你的工作效率

很多职场中的员工，对自己缺乏一个全面的认识，往往是过于自负、自视甚高，对自己的劣势和工作中有可能出现的困难估计不足，对自己的工作缺乏整体的规划，往往是头疼医头，脚痛医脚，荒废了大部分时间，针对职场中这种常见的现象，我们在本章为您找到了具体解决的方法……

1 专心是提高效率的最佳方法

许多成功者常常会说，一个人一生只要干好一件事情。但是很多人并不懂得这个简单的道理，总是为自己设定很多目标，但是，由于时间、精力、脑力都被分散，往往难以达到预定的标准。就像《小猫钓鱼》动画片中那个不能专心致志地钓鱼的小花猫一样，最后不仅没有钓到鱼，蝴蝶也没有捕捉到。

社会上有一些专家或专才，他们往往连一般的生活常识都不清楚，但他们在某一个方面却有很深的造诣。这就是因为他节约了其他付出的时间，集中精力专心做一两件事，他们在这一两个方面付出了很多的时间和精力，所以成功了。

俗话说："十鸟在林，不如一鸟在手。"世界上可以做的事情有很多，但是真正适合你做的却非常有限。因此，只有能将一件事情做到极致，才能尽最大可能提高你的效率，才是获得成功的捷径。

人脑的脑细胞不少于140亿个，但即使你穷尽一生所能，大脑的潜力开发的也不足10%。这说明，脑子是用不坏的，只能越用越灵活。知道了这些，你就可以放开思维去做事情了。一个人既然拥有如此大量的脑细胞，那一辈子做成一件事情也不是太难。但最后能不能将事情做成功，关键是看能不能坚持到底。

有的人不计长远，只图眼前，风来随风，雨来随雨，今天干这，明天干那，见到什么就想干什么，什么都想凑凑热闹。结果，常常到头来只落得两手空空，一事无成。

生活中，有许多真正的成功者，他们这一辈子可能就做了一件事，却因为这一件事而成为了专家、大师，让众人敬仰。

当然，这些成功的人大多都非常低调。因为他们永远知道自己的不足，永远向着更高的标准去努力。那些有了一点成绩就洋洋自得、夸夸其谈的人，是不会有什么出息的。

那些能够在职场专心工作的人，能够将自己的工作效率提至最大，从而为自己带来意想不到的收获。

一家跨国公司在中国招聘员工，老板特别注重考察应聘者的专注能力和执行力。通常，在最后一关的时候，总裁会亲自坐镇，可惜，很多颇有才华的年轻人都在最后一关纷纷落马，却不知道是什么原因。

当陆先生来到这个公司应聘的时候，前面已经有了无数个失败者，这些人垂头丧气地对他说，去了也是白去，不可能有什么结果。陆先生并不是能力最突出的一个，但他还是去了，考试最后一关，由总裁亲自面试。

面试的时候，陆先生已经在心里准备了好几种回答对方提问的方案，可是，谁知见面之后，一套答案也没用上。

总裁什么也没说，只是让助理交给他一份讲演稿，告诉他说，你要在最快的时间内将这份讲演稿录入到电脑里面，这份文件很重要，记住，一定在最短的时间内完成，中间不要停下。说完，总裁和他的助理都离开了。

陆先生也很纳闷，这个录入文稿的工作通常是由文秘来完成的，而他应聘的岗位是经营部，怎么会让他来干这个？虽然有疑问，但是他还是马上坐下来，打开电脑，开始了录入工作。

文章很长，他的打字速度也不够快，但是，他还是很认真地录入这份文稿。大概过了十分钟，一个漂亮的女孩端来一杯咖啡放在桌上，对陆先生说："先生，休息一会儿，喝杯咖啡吧！"

咖啡的香气袅袅浮动，如果是平时，他早就想要喝上一杯了，可是现在手上有事情，陆先生想，人家既然让我在最短的时间内完成这个任务，我就不能马虎。所以他仍然埋头工作。

那个漂亮的女孩又说："休息一下吧！我来帮你，我打字很快的，一会儿就能帮你弄好。"可是，陆先生就像没有听见一样，仍然手指不停地录入文字，忙个不停。

过了一会儿，这篇文章终于录完了，但陆先生还不放心，他又重新校对一遍，校对之后，他才从座位上站起来。

这时候，总裁走了进来，对他说："你注意到那个小姐给你送的咖啡了吗?"

陆先生说："我没有注意咖啡，我打字很慢，我怕耽误时间。"

总裁又问："那个小姐说要帮助你打字，你为什么不用她帮助你?"

陆先生说："没有，因为这是您交给我的事情，不是交给她的，所以我不能交给她。"

总裁听了，很满意地点了点头，笑道："小伙子，你表现不错，你被录取了。在你之前，已经有50人参加了考试，可没有一个人通过，因为不是有人质疑为什么要让他打字，就是有人中途将这个文稿录入的工作交给我的女秘书。"

接着，总裁又说："像你这样有专业技能的人很多，但像你这样对待工作的人太少了，你会很有前途的。"

果然，陆先生进入公司后，靠自己对工作的专注和出色的业务能力，很快被提拔为业务部经理。

可见，只有心无旁骛、专心工作的人，才能在职场上赢得老板的喜爱。当自己慢慢成为灵魂人物，变得不可替代的时候，成功之门也就即将为你打开了！而一旦成功之门打开，你就已经成功了一半了。所以，在工作中，一定要注意用心专一，将简单的事情做好，提高自己的工作效率，只有这样，我们才会有更多的机会得到领导的信任与提拔。

当然，想要专心工作，最佳的捷径自然是少做事，做好事。在职场上，只要我们牢牢把握住自己的人生大目标，踏踏实实，一步一个脚印地走下去，就可能取得伟大的成功。

2 做好组织协调，保证工作效率

我们常说人多好办事，但其实人多未必好办事，因为还有人多事杂、人多添乱这一说法。人多了之后，如果不做好组织协调工作，就很容易造成任务重复或者任务盲点。

也就是说，如果没有事先很好的协调和分工，就可能出现同一件事情有好几个不同的人去做，而有的事情却没有人去做的情况。这样就造成了时间的浪费，使得办事效率很低。

曾经有人采访华人首富李嘉诚，问他成功的秘诀，他在回答的时候提到：**“当一个公司刚刚建成的时候，也许靠的是一个领导，但一旦公司成规模之后，他靠的就再也不是某一个人了，而是一个完善的组织结构。”**

并且，对权力和职责不清晰的划分，会造成各个部门间的相互干涉，造成内部的不同意见和矛盾，使事情不能得到尽快的解决。

所以，做好组织协调工作是十分必要的。那么，如何做好组织协调呢？

(1)要有明确的权责划分。各部门，各个人的权力与责任明确，只有这样，才能使各部门各司其职，相对独立地完成自己职责范围内的事情。

(2)要做好各部门间的联系。如果研发部不了解销售部的销售策略，销售部不了解生产部的产品性能，那么，即使各个部门都把自己的工作做好了，整体上也不会有好的效果。就像做出来的螺丝和螺帽规格不同一样，完全合不上。

(3)要统一领导。不管是什么部门，都要听从指挥，不能只凭自己的意思乱搞，要服从全局的安排。不然如果每个人都各做各的，像一盘散沙一样，恐怕连事情都完不成，又如何能做到高效呢？

做好组织协调工作是一门学问，还有待我们每个人去好好研究。当然，在协调的过程中，最佳的方式就是懂得借力。

中国服装协会男装委员会委员、中国品牌建设优秀企业家、泉州市西域骆驼服饰有限公司董事长柯夏鸣就是一个借力高手。

他从小喜欢名牌服装，对穿着十分考究，这促使他与服装行业的结缘，他26岁与人合伙开办服装厂，踏入了服装业。之后一路畅通，三度向成熟品牌"借壳"、借力NBA、嫁接2008奥运，不断地将自己的事业推向高峰。

1987年，刚刚成家的他，做出了一个让所有人都难以理解的决定：放弃待遇优厚的工作，下海创业，做服装生意。几年后，他的生意已经初具规模。

1992年，他迎来事业发展的第一个高峰。通过朋友的推荐，他与当时在泉州服装行业排名第一的企业达成合作协议，用他公司的生产团队为其贴牌加工。到1993年初，他的员工已经接近300人，每天能生产1000多件服装。1995年底，他又与七匹狼合作，借助七匹狼的品牌优势，利用自身在产品开发、设计和制造上的能力，借壳发展。随着资金实力逐步充裕，他感觉独立运营品牌的时机已经成熟。是贴牌运作还是创牌运营呢？他一时拿不定主意。

此时，正值"拼牌"男装进行授权，柯夏鸣觉得这是一个借力的大好机遇。取得授权后，他马上召开1998年秋冬订货会，并投入100多万元进行宣传。当时的宣传效果非常好，一个月内他就召集全国20多个省份的代理商，开启特许加盟专卖的先河。这一年，他的销售业绩突破8000万元，专卖网络达到400多家。2000年，经销商抢着订货，甚至为订货发生冲突，此后2年销售业绩徘徊在1个亿左右。

2006年8月，当他得知NBA来中国开拓市场的消息，火速飞赴北京和上海与之接洽，并签订一系列合作协议。这一年，他的专卖店发展到900多家，销售业绩也比上年增长50%以上。

随着2008年的到来，他继续借力高端体育资源，嫁接2008北京奥运的商机，在全国展开了新一轮进攻狂潮。

试想一下，如果柯夏鸣不是采用借力的方式，而是自己一个人一点一点从零做起，他不可能在这么短的时间内做成现在的成就。所以，借力往往比亲力亲为更有效率、更能成事。并不是说我们要丢掉自主，而是说我们要善于利用外部资源和他人的力量，这样才能大大提高我们做事的效率，这才是聪明者的做法。

在企业管理工作中，许多领导者一旦忙碌起来，就恨不得立即长出三头六臂，马上把工作做完。

其实，只要懂得借用他人的力量就可以左右逢源，分身有术。借力是时间管理中的一项重要内容，是一门精妙的管理艺术。作为最常用、最重要的管理技能之一，它受到了许多领导者的重视。善于借助别人的力量，你就获得了双倍的时间。时间就是效率，时间就是金钱。但是如果你学会借助别人力量这种工作方法的话，你就会发现时间胜于效率，时间胜于金钱。

如果你正被千头万绪的工作所打扰，如果你正为缺少时间去赚钱而发愁，那么请尝试借助别人的力量来完成工作吧，它一定会给你带来意想不到的效果，节省大量的时间。

3 做好计划，科学扩充你的时间

有一件事情是应该做的：每天睡觉前做好次日的工作计划。用一张纸罗列次日要做的事情，通常根据紧要程度列出来排个序，次日一件件来做，每做完一件便做上标记。每天做完当日的事情。然后晚上再计划下一天的工作，长此以往，日复一日

每个人在一天中都有自己精力最为集中也最为旺盛的时间段，在这

段时间里做事情的效率非常高，而且有许多难事在这段时间里面也似乎不是难题，似乎水到渠成地就解开了。我们都期盼 24 小时或者 12 小时都精力充沛，但是我们不是超人，不可能每天有这么长的时间保持旺盛的精力。

据科学研究，一般人每天的精力旺盛时间也就在 2 小时左右，所以我们要找到自己的精力时段，用好这两小时。要用好这两小时，无疑是要把对于目标来说最为关键的事情安排在这两小时，这与我们讲的时间管理 80/20 原则是不谋而合的。

晚上睡觉前，你第二天的计划准备好了吗？每天都要坚持您的计划。确实，没有计划的工作，效率实在是太低了。

写下你第二天要做的事情：要打的电话、要会见的人、要执行的任务等与工作有关的事情。再把你生活中的其他类别的重要事情添加在单子上。写完之后，把单子放好，忘掉它，开始抓紧时间睡觉。

第二天早晨，吃早餐的时候再浏览一下你的索引卡或计算机档案材料，一天中要做的都是这些类似的决定。

要不断地坚持自问，你当时所做的事情是否最有成效，这是你必须要做的事情。训练你的思维，使大脑整天重复这个问题。还可把你的活动写在卡上，如果有口袋就放在口袋里。总之，无论如何，使这种思维成为一种习惯。

时间就像是海绵里的水，只要愿意挤，总是有的。我们每天的生活和工作时间中都有很多零碎时间，如有人约你一起吃中午饭而迟到，于是你只能等待；或在银行排队而向前移动缓慢时，不要把这些短暂的时间白白耗掉，你完全可以利用这些时间来做一些平常来不及做的事情。

不要认为这种零碎时间只用来例行公事或办些不大重要的杂事，最优先的工作也可以在这少许的时间来做。如果你照着“分阶段法”去做，把主要工作分为许多小的“立即可做的工作”，你随时都可以做些费时不多却重要的工作。

就像前面所说的，时间就像玻璃瓶的容量一样。当你抓一些沙子放进去的时候，玻璃瓶看似满了，但如果你再往里面倒一些水，瓶子还是可以容纳的。可以看出，玻璃瓶的容量即时间的总量是一样的，但在这有限的时间里，你能做多少事，即往瓶子里放入多少东西，对于每个人来说是不同的。

为了节省时间，我们需要把各种事务性的工作和琐碎的小事集中起来，专门拿出一段时间来处理这些事情。把类似的事情划分到一起。这种集中处理的好处是：连续处理同样的事情，会产生惯性，注意力也比较容易集中，而且准备工作只需要做一次就可以，这样做，既能节省时间又能提高效率。

如果把整理资料这种工作，一天需整理 3 次，每次需要 20 分钟，分散在一天的不同时段处理，肯定比连续整理资料用的时间长。

持续工作时间不宜太长，最好是 30～60 分钟。只要你试验一次，便能体会到连续生产工作方式是多么省时省事。

当天出现的琐碎事，如阅读邮件、口授复函、备忘录等，都应该在当天整理完成。若推迟一天或数天，会因积压而造成工作不便。请设想一下，把累积几日的信函一起处理，不仅工作量大，还要额外付出更多精力，甚至可能带来损失。

因此，要学会在日常的工作中做好计划，合理扩充自己的时间。这样一来，你就比别人拥有了更多的时间。随之而来的是，你的工作效率会大大增强。

4　少说多做，莫把时间花在空谈上

生活中，我们总会遇到一些喜欢夸夸其谈的人，那些人把人生大部分时光消耗在空谈上了。只有少说多做、脚踏实地的实干家，才能真正地利用时间，做出有意义的事情。

三国时代著名的机械大师马钧，在魏国发明指南车的时候，曾经遭到一些官员的侮辱和嘲笑，官员们断言他根本就没有办法造出指南车。骁骑将军秦朗出言挑衅：“先生名钧，字德衡，钧是器具的模型，衡能决定物品的轻重，难道没有一定的标准，就可以作为模型吗？”

马钧只说：“虚争空言，不如试之易效也。”经过马钧的刻苦钻研，反复试验，他终于把指南车制造出来了，而那些只会空谈的官员们却一无所获，只是自取其辱。

可见空谈就是浪费时间，只有实干才能出成效。如果马钧不把自己的想法付诸实践，只是对那些嘲笑他的人谈自己的想法，恐怕永远都不会有指南车的诞生了。

每个人的时间都是相同的，也都是有限的，如果一个人把过多的时间浪费在空谈上，那么他做实事的时间必然就减少了，他就会落到实干家的后面。空谈只会浪费时间，延误机遇。不要把过多的时间浪费在空谈上，只有少说多做，才能更好地利用时间完成更多有价值的事情。

在会议上，我们常常会碰到这样的情况：一些人在会上发表自己的观点时没有时间观念，一张开口就收不住了，有用的没用的说了一大堆，有时甚至说上一两个小时，跑题了都不知道。由于他说得太多，大家都没有兴趣听下去了，即使听了，也弄不清楚他所表达的主旨是什么，这样浪费了很多时间。

某公司销售部的李经理就是这样的人。他思维很活跃，不管是什么样的会议，都喜欢发言表达观点。但是他的发言总是只放不收，滔滔不绝，让人没有耐心听下去。当他讲话的时候，其他人都在发呆睡觉或者开小差。即便是他有很多观点都很不错，也没有人听进去。会议开了四五个小时，却一点效果都没有。

后来他改变了这个习惯，会议发言的时候尽量言简意赅，把自己的观点及原因一条一条分列出来，最多十分钟就讲完了，取得的效果却是令他吃惊的。因为时间短，下属们很容易集中精力去领会他的意思，上司也能听进去他的观点，并且采用了他的很多建议。时间花得少，效果却变好了。

会议是时间管理的一个重要内容，它在个人的工作时间表中占有重要的位置，因此我们必须对它给予高度重视，掌握必要的技巧和方法，尽可能地在会议上节省时间。

会议的时间管理要以完成会议预设的目标为原则，应该尽量保证预设的会议内容有充分的时间讨论，避免在小事上纠缠不休，更不能临时增加会议计划之外的内容。言简意赅、收放有度的会议发言会让你从此变得效率更高，并且留给人一个果断干练的印象。

滔滔不绝的发言只会产生两个效果：浪费时间和让你的听众失去兴趣。所以当我们在会议上发言的时候应该尽量简明，可以先在纸上写下提纲，并且提醒自己不要扩展太多，不要跑题，让所有的人都能清楚地知道你的意思就行了。世界上不会有人因为你说得久就赞同你的，相反，说得太久只会让人觉得厌恶。

少说多做，重点体现在节约时间上，节约时间自然能提高工作效率。想节约时间，就要学会对那些让你浪费时间的人说“不”。

鲁迅曾经说过：“生命是以时间为单位的，浪费别人的时间等于谋财害命，浪费自己的时间等于慢性自杀。”

如果我们既不想“谋财害命”，也不想“自杀”，那么就要学会控制时间的技巧，在与人打交道的过程中，要想做到既拒绝了别人，又不伤害其自尊。

比如，你可以说明拒绝的理由并建议替代方案。说明你有很重要的事情要做，所以只能拒绝，然后可以为对方提供一个替代方案，以表明你的积极态度。在遇到事情的时候不要总是条件反射地说“好”，学会说“不”，可以让我们节约很多宝贵的时间，避免出现手头的工作被搁置的问题。因此，想要提高自己的工作效率，就要学会少空谈，多做事，不随意浪费时间。只有这样，我们才能在一点一滴中慢慢积累，提高自己的工作效率。

5 想到就马上行动

我们常常看到这样的事情，一个庞大的工程，所有的设备以及人员都准备好了，却迟迟没有开工，让全部的人都等在那里，原因就是决策者们讨论来讨论去，迟迟都没有做出决定。这无疑是对时间的严重浪费。

所有人都能明白这样一个道理，事情只有决定下来，才可以开始执行，才能产生效果。如果没有决定下来，那么它只能是一个计划、一个设想、一份文件而已。所以我们做事要当断则断，遇到事情要马上做出决定，应该做的就马上去做，不应该做的就马上放弃，把时间留给别的事情。那种犹犹豫豫、拖泥带水的个性只能让我们浪费时间和错过时机，快速地决定往往比快速地执行更有效果。

那么，我们怎样才能够做到当断则断、快速地做出决定呢？首先我们要明确什么是应该做的，什么是不应该做的。

简单地来说，应该做的事就是符合我们的理想目标而且在我们的能力范围内的事。这就要求我们先明确我们的理想和目标，确定什么是对我们有意义的，什么是值得做的。然后就是要了解我们自身的能力，我们能不能做成这件事，做成这件事要花多少时间，花这么多时间去做它值不值得？

如果这些你都心中有数了，那么，最后一点，也是最重要的一点，就是要对自己有信心，要相信自己做出的决定，不要一有人提出异议就动摇自己的决定，更不要扔下半拉子工程的尾巴。

你决定好了吗？如果还没有的话就快点做出决定吧，不要浪费你的时间和大家的时间了。做一个当机立断的人，让你的时间用在刀刃上面，而不要把大量时间花费在摇摆不定的犹豫当中。只有这样，你才能成为一个高效能人士。

假如有一个人问你：“要是你的生命今天就要结束了，你最后悔的是什么？”

你会怎么回答呢？美国著名的时间管理学家尤金·格里斯曼曾对此做过研究。他向数百人提出了这样的问题，结果绝大多数的人的回答是：“后悔没有多读点书”，其次是“没有好好约束自己”、“没有多尝试点新鲜事物”、“没有花更多的时间与家人共处”。这些结果都表明了一点——受访者都后悔没有在有限的时间里做应该做的事情，而不是后悔已经做过的事情。

你是不是也有相同的答案？你的问题不是没有时间，而是在时间的使用上面出了问题。你没有把足够的时间用在做上，而往往是把它们用在了空想上。我们只有果断地去做我们想做的事情，才能取得成功。

德国诗人布·瓦尔迪斯写过这样一个故事，一只鹌鹑在麦地里筑巢，当麦子变黄的时候，鹌鹑的孩子们也长大了。有一天，鹌鹑妈妈对小鹌鹑们说道：“农夫收割麦子的日子快要到了，我现在出去给你们找食。我不在的时候，你们都给我待在巢里别动，小心点儿，别让农夫发现我们的房子，如果那个农夫来了，你要留神听他说什么。”

不一会儿，农夫带着他的儿子来到了麦田，察看了一下麦子，然后对儿子说：“麦子成熟了，我们该收割了。我明天一早就去邻居那儿，同他们商量，请他来帮我的忙。”

鹌鹑妈妈回来以后，小鹌鹑就把农夫说的话告诉了妈妈，老鹌鹑听了之后，说：“没事，这个农夫要去找邻居商量，还要耽误两天，我们还可以安心地住在麦田里。”

第二天一大早，老鹌鹑又要外出觅食了，她对小鹌鹑们说：“留点神，那农夫准备什么时候割麦子，看是否能听到一些新的消息。”

那农夫又来了，对他的儿子说：“这麦子再不割的话，就要烂了，我看这些邻居都不爱帮我的忙，我要出一趟门，去找你叔叔来帮忙。”

当老鹌鹑回家时，小鹌鹑们叽叽喳喳地说："妈妈，快给我们在别的地方筑一个新的巢吧！那农夫出门去找亲戚了，明天就要带他的亲戚朋友来割麦子了。"

可是，老鹌鹑回答说："亲爱的孩子们，没有那么快，那些亲戚朋友也不会马上赶来，你们注意听着农夫明天说的话！"

下一天早上，那农夫和他的儿子又来了，农夫非常伤心地朝麦田扫了一眼，说道："我们的麦子已经烂了，想靠别人的帮助是不行的，等到明天一早，我们两个自己开始收割吧！"

所有的愿望都是靠实际行动来实现的，一味地沉迷在幻想中的话，你是得不到任何结果的，还不如放开手脚去尝试做一下，不管能不能成功，至少你没有浪费时间。

我们往往羡慕那些在金字塔顶端的人物，幻想着自己哪一天也能成名，成为第二个比尔·盖茨。但是你要知道，比尔·盖茨今日的成就可不是靠幻想得来的，当你还在幻想的时候，他已经把他的事业推向一个更新的高峰了。

一次行动胜过千百遍的胡思乱想，没有行动就没有效率。人们常常把自己辛苦得来的新想法取消或者埋葬，因为他们没有执行的勇气。

过了一段时间后，这些想法又会不断地回来折磨他们。谁都渴望成功、幸福，但是如果你不付诸行动，便会在失败和不幸的日子里慢慢被蹂躏。

机会不会一直等着你，如果你不马上行动，它就会弃你而去。只有行动才能不断增强信心，不行动只会坐以待毙，徒增恐惧和忧虑。

有这样的心理，是因为我们对"事情"的本身重视不够，假设今天是我们生命中的最后一天，你还会等待吗？显然不会。你一定用自己百分之百的精力，把今天的事情做好；你一定会用自己的热情，不给明天的生命留下尾巴，想到就马上行动。

6 摆脱诱惑，让自律成为习惯

有时候，采用强迫法可以帮助我们加强自律，养成做事不拖延的习惯。

强迫法是我们常用的一种方法，在这里给大家介绍最有效的强迫法——用“公言实行”的方法逼自己完成目标。在大家面前说出自己想要做的事情，就会形成是自己不做不行的无形压力，然后，集中精力去完成它。这种方法，就叫做公言实行。

我们应该积极地说出自己的目标、理想，并让大家做见证，督促我们朝着这个方向去努力。但是仅对一两个人说出自己的目标是没有用的，常常会以“我没有时间”、“如果我有钱的花”等作为理由，来为自己没有达成的目标又浪费时间做辩护。

在个别人询问“为什么没有做到”时，即使以“情况改变了”，“计划停止了”等为借口也不会觉得不好意思。很多人都会把自己的失败变成正当的理由，这便是无法实现目标的重要原因之一。

如果你有参加演讲、在大家面前说话的机会，那么，这正是你言出必行的大好时机。

在大家面前自然地说出自己想要做的事情，虽然并不意味着跟在场的人做约定。但是，一旦说出来之后，不做就不行了，至少不能让别人觉得自己是一个只会说大话的人。如果你能活用“公言实行”的方法，就能帮助你提高效率、充分利用时间。

你可以现在就试试这种方法，在自己的一群朋友面前说出自己的想法，相信会有帮助的。

“公言实行”法只是强迫法中的一种，其他的还有很多，只要不给自己留下可以退缩的余地，便可强迫自己完成目标。

春秋时，卫懿公是卫国的第十四代君主，卫懿公特别喜欢鹤，整天与鹤为伴，如痴如迷，丧失了进取之志，常常不理朝政、不问民情。他还让鹤乘高级豪华的车子，比国家大臣所乘的还要高级，为了养鹤，每年耗费大量资财，引起大臣不满，百姓怨声载道。

当北狄部落入侵卫国边境的时候，卫懿公下令军队立刻展开抵抗，结果将士们非常消极，抱怨道："既然鹤的待遇和地位都比我们高，那就让它去保护卫国吧！"

后来卫懿公无奈之下只好带兵亲征，在荥泽与敌军对阵。但是，由于军心散漫而战败，卫懿公战死沙场。后来古人写了一首诗来讽刺卫懿公的玩物丧志：曾闻古训戒禽荒，一鹤谁知便丧邦。荥泽当时遍磷火，可能骑鹤返仙乡？

一只鹤导致了一个国家的灭亡，或许看起来有些许的夸张。但在我们实际的生活当中，我们应该尽量的避免让自己的身边出现一只"鹤"，以至于自己忘记了工作、忘记了学习、忘记了为自己的将来而奋斗。

这里所说的"鹤"，就是指业余爱好，业余的爱好只能作为工作、学习之余的一种娱乐与消遣的方式，在我们的生活中它并不占据主要的地位。

在网络盛行的今天，很多的年轻人，尤其是学生，无论是中学生还是大学生有相当一部分因为沉迷于网络而不能够完成学业；还有很多已经工作或是已经取得一定成就的人，抵制不住花花世界的诱惑，沉迷于酒吧、迪厅这样的娱乐场所而忘乎所以。

殊不知，"物"只是在工作学习之余消遣之用，生活的重点不在于此。如果不能够将自己的工作与日常娱乐消遣区分开来，那么或许你也就只能是"后人又复哀后人"，与当年好鹤的卫懿公，只不过是"五十步笑百步"罢了。

如果不能摆脱诱惑物，使自己沉迷而导致时光虚度的人，往往缺乏自我约束，对自己要求不严格。一个缺乏自律的人，做起事来必定朝三暮四，毫无条理，致使一切目标化为泡影，同时浪费大量的时间。

在做事之前，你必须精心地制订目标和标准，这样工作就有了一定约束的基础；然后你要规定完成的最后期限，设定追踪表，强迫自己按计划行事；接下来在执行的过程中，你要时刻强制自己努力完成工作，在工作进行的过程中，远离种种诱惑，心无旁骛，不断检验工作的完成情况，保证工作的及时完成。

当你这样坚持一段日子之后，就会惊喜地发现，你已经慢慢养成专注的工作态度，从而有效利用时间，在最短的时间里创造最大的效益。

7　提高效率的八个黄金法则

在职场上，效率一直是人们所追求的最高境界。许多人都在苦苦寻找如何提高自己效率的方法，与其这样，还不如让自己好好静一静，放松一下。要知道，只有会休息的人才会工作，才能有更好的效率。

在竞争激烈的现代社会中，工作效率的高低能够直接影响到企业的赢利多少。因此，想办法提高工作效率，是任何一家企业都在努力追求的事。想要快速提高企业员工的效率，也是有法可循的，只要方法适当，员工的工作效率自然就提上去了。

(1)喜欢你的工作

想要提高你的工作效率，首先要有知足感，对自己的工作满意。有些人认为，对工作满不满意与效率没有直接关系。其实不然，试想，如果一个人对自己的工作都不能感到满意，就不会把工作当成自己的事业和追求，更不会去钻研去投入，这样就很难做出成绩来。如果你并不喜欢自己的工作，也不打算在这一行干下去，那你怎么可能去花费时间和精力去研究自己的本职工作呢，就更不可能做出业绩了。因此，要喜欢并热爱自己所从事的工作，这是产生高效率的根源。

(2)时刻总结经验教训

在工作中，每个人都难免会犯错误，但犯了错误并不可怕，关键是能够从错误中吸取经验,避免下次再犯同样的错误。这需要能够在工作中时常的总结经验,并使自己日臻成熟。自己能够把自己工作中的成绩和失误一一列出来,做一个比较,看一下哪些是满意的,成功在什么地方;哪些是不满意的,失败之处又在哪里。然后,为自己的失败寻找方法,让自己能够解决所有的困难和问题。其实所谓的捷径,就是能够少走弯路。而不断地自我反省,自我总结,就能够让自己尽量地少走弯路。只有这样,自己才能够避免在以前摔倒过的地方摔倒,才能以自己的经验指导自己走自己的捷径。

(3)找到最适合自己的方法

各行各业,都是活到老,学到老。每个人,都需要在自己的工作岗位上不断探索,不断钻研,不断发展,这样,才不至于做事时,被知识的匮乏所束缚,才不至于因解决不了问题而寸步不前。在工作方法上,其实并没有一个统一的标准,每个人都有最适合自己的方法,而找到适合自己的、行之有效的工作方法,是非常重要的。

那些最适合自己的工作方法,是在日常的工作过程中不断积累、不断摸索得出的。工作方法从很大程度上会影响到你的工作效率,因此一定要找到最适合自己的方法。虽然工作方法千差万别,但有两点是一定要做到的:一要思路清晰,二要行之有效。

(4)不能依赖别人

工作过程中,难免会遇到困难,这个时候,第一件事情是要自己想办法解决,而不是把困难抛给别人。自己可以向别人请教解决之道,却不要把事情完全交给别人去做。因为,任何一个人都不如自己可靠。因此,工作上遇到的问题一定要自己分解,哪些是自己很容易解决的,哪些是自己查阅资料可以解决的,哪些是同事协助可以解决的,哪些是根本就没见过的,分清楚之后,理出解决方案,需别人协助解决的,将问题细化明确后与其讨论,讨论有结果后,要及时将解决方法记录,以备后查。而该问题解决之后,以后就应该成为你自己可以解决的问题了。而自己可以解决的问题越来越多,以后工作的效率自然会越来越高了。

(5)制订规范和流程

俗话说：没有规矩，不成方圆。拥有一个好的工作规范和工作流程，将会大大减少无用功，节省宝贵的时间。在制工作规范和工作流程时，要借鉴自己从事工作行业上的规范、流程，然后把它与自己所从事的岗位结合起来，制订一个清晰可靠的规范和流程出来。比如，在研发工作上，软件工程有很好的开发规范，参照该规范进行开发，可能短期内并不能提高什么工作效率，相反还可能给人留下一种耽误时间的现象，但实际上，长期来讲，一个按照开发规范进行的项目，在整个开发过程中，都会条理清晰，有据可查。对于后期维护及升级时，也会提供很好的依据。

(6)规划好自己的时间

一个在事业上获得成功的人，一定是一个时间规划的能手。在一天有限的8个工作时间内，如何做一个合理的规划，能够让自己在这8小时内做好自己的工作，更有效地工作，这需要付出一定的心血了。对自己每天的工作一定要有认真的规划，有哪些工作要做，要达到什么样的结果，它的重要性又是怎样，先后次序如何安排，如果未完成如何处理，等等，一定要合理规划。只有合理规划好了时间，安排好了工作，这一天才能有条不紊，才能高效。

(7)严格按计划工作

如果你为自己制订了一个工作计划，但却不按照计划行事，那这个计划就是一个摆设了，没有任何价值。所以，计划是前提，执行是根本。在执行工作计划安排上，不要对自己宽容，一定要严格遵守，对于制订下来的时间期限，一定要守信守约，不要以种种原因来说服自己原谅自己，要确保完成。并且，一定要认真对等自己制订的工作计划安排中的时间期限，因为一个人的不按计划，影响的可能是整个项目、整个团队，乃至整个公司。

(8)学会分工与合作

一个团队中，成员之间要有一个明确的分工，然后大家一起通力合作，把事情做好。也只有能够分工明确，各成员之才能够合作得更密切，才能提高整个团队的工作效率。在合作中,领导者或负责人要承担好分工协调的任务,发挥各人的最大优势,使每个人都能心情愉悦、高效率地工作。对于团队中的每个成员来说,都要明白自己所处的位置和所负的责任。然后,大家要在一起尽自己所能互相帮助,协同别人工作。这样,才能够在规定的时间内,做出最漂亮的成绩来。

8 合理规划时间,有效利用时间

我们都该明白的一项常识是:用更多的时间为一项工作做事前准备,当这项工作开展以后,所用的时间就会大大地减少。善于做计划和准备的人,才能在自己的工作中实现高效。做事之前先做计划,想一想自己在做各种事情之前可能出现的漏洞或者突发状况,这样工作中就会思路畅通,能够举一反三、触类旁通,从而大大提高工作效率。制订计划的一个很有效的途径就是列出一份"工作清单"。

制订工作清单,最好的时间是在下班前几分钟,拟定第二天上午的工作计划表,这是成功的高级经理人员做有效的时间管理计划时最常用的方法。

如果推延到第二天上午再列工作计划表,就容易草率,因为那时已经有工作的压力,工作表上所列的,常常只会是紧急事务,而不是重要的事项。

你应该每天保持两种工作表——最好在同一张纸上。在纸的一边,或在你的记事本上面列出在某几个特定时间里做的事情,如会议和约会。在纸的另一边列出你"待做"的事项——把你所想到的,要在今天完成的每一件事情尽量地列出来。然后审视一番,排定优先次序的编号。

工作表上最值得做的事项应该标上一号或二号,你需要安排出特定的时间段来处理这两件事。时间允许范围内,你可以再依照优先级来完成其他的事情。但是不要为次要的工作安排出特定的时间,因为你要保证有足够的弹性时间来处理突发事件，否则就会因计划不能按时完成而泄气。

这种“待做事项表”最大的缺点在于，我们往往根据事情的紧急性来编排工作表，而忽略了那些原本重要却不紧急的事情，如我们的长远目标和一些重要事项等，这些都是需要我们加以重视的环节。

在规划每天的待做事项时，你不妨事先花一定的时间来检查你的目标表，看看你所安排的事情是不是真正会使你更加接近长远目标的实现。懂得将自己的时间合理规划后，接下来的事情就是学会有效利用时间了。

19 世纪意大利经济学家帕雷托发现：80％的财富掌握在 20％的人手中，从此这种 80/20 规则在许多情况下得到广泛应用。一般表述为：在一个特定的组织或团体内，这组织中一个较小的部分比相对的大部分拥有更多的价值。

在时间管理中，在优先顺序里，也有一个帕雷托时间原则，也称 80/20 法则。假定工作项目是以某价值序列排定的，那么 80％的价值来自于 20％的项目，而 20％的价值则来自于 80％的项目。

时间管理的重要意义，在于能经常以 20％的付出取得 80％的成果，最后的结果占了 80％的大部分。因此，在你的工作或生活中，你应该把十分重要的项目挑选出来，专心致志地去完成，即把时间用在更有意义的事情上。

例如：作为销售人员推销时，你打 50 个电话，可能只有 5 个顾客给你相约见面，就是说你花了 80％的时间在约见客户，但是只有 20％的客户跟你见面。作为一个职业经理，可能你花了两个小时的时间做准备，但是会议进行可能不到 30 分钟，也就是说用 80％的时间做准备，造成的结果是 20％，但是这 20％的准备造成了 80％的结果。80/20 规则告诉我们，在进行时间管理时，要把最重要的事情放在最有效率的时段来做。

某部门主管因患心脏病，遵照医生之嘱咐每天只上班三四个小时。他很惊奇地发现，这三四个小时所做的事在质与量方面与以往每天花费八九个钟头所做的事几乎没有两样。

他所能提供的唯一解释便是:他的工作时间既然被迫缩短,他只好将它花在最重要的工作上,这或许是他得以保持工作效率的主要原因。“好钢用在刀刃上”,就是提醒我们要把主要的精力用在最见成效的地方。

美国企业家威廉·穆尔在格利登公司做销售员时,第一个月仅挣了160美元。通过分析销售记录,他发现他80%的收益只来自20%的客户,但他却在所有的客户身上花费了同样的时间。

在他的要求下,穆尔名下36个最不活跃的客户被重新分配给了其他销售员,而他自己则把精力集中到最重要的客户身上。后来,他一个月就赚到了1000美元。穆尔对这一原则的坚持促使他成为凯利·穆尔油漆公司的主席。

一个人优秀与否,往往取决于他是否能够高效地工作,我们应该掌握80/20法则,把精力花在回报最高的事情上,千万不要浪费时间在一些无聊的事情上。

一些人不能把主要的精力用在重要的事情上,除了浪费在小事上,就是毫无意义地回想过去,或是担忧未来。

懂得时间管理的人是没有时间追悔过去或者杞人忧天的,他们知道应该把努力的焦点全部放在回报最高的事情上,而不是把时间和精力消耗在意义不大的琐事上。

第七章　工作无小事，细节决定成败

“泰山不拒细壤，故能成其高；江海不择细流，故能就其深。”如果把这句话落实在我们的工作当中，那就是改变自己心浮气躁、浅尝辄止的老毛病，把小事做细，把细节做精，让我们在做好小事的过程中，实现我们职务的飞跃，人生的成长……

1 留意工作中的细节

我们在与人相交时，一定要注意慎重对待每一个细节，千万不能因为自己的不慎和忽视，使对方陷入难堪的境地，所以，在工作当中要注意以下社交误区。

（1）揭对方的错处或隐处

心理学的研究表明，谁都不愿把自己的隐私在公众面前“曝光”，一旦被人曝光，就会感到恼羞成怒。因此，在交际中，如果不是为了某种特殊需要，一般应尽量避免触及对方所避讳的敏感区，避免使对方当众出丑。必要时可委婉地暗示对方已知道他错处或隐私，便会造成一种对他的压力。但不可过分，只须“点到为止”。

在广州著名的大酒家，一位外宾吃完最后一道茶点，顺手把一双精美的景泰蓝筷子悄悄地放在了自己的西装内衣口袋里。

服务小姐看在眼里，不露声色地迎上前去，双手擎着一只装有一双景泰蓝筷子的绸面小匣子说：“我发现先生在用餐时，对我国景泰蓝筷子爱不释手，非常感谢你对中国工艺品的赏识，为了表达我们的感激之情，经餐厅主管批准，我代表酒家，将这双图案最为精美并且经严格消毒处理的景泰蓝筷子送给你，并按照大酒家的‘优惠价格’记在你的账簿上，你看好吗？”

那位外宾当然会明白这些话的弦外之音，在表示了谢意之后，说自己多喝了两杯“白兰地”，头脑有点发晕，误将筷子放在了自己的口袋里，并且聪明地借此“台阶”说：“既然这种筷子不消毒就不好使用，我就‘以旧换新’吧！”说着，从口袋里取出那双筷子，恭敬地放回餐桌上，接过服务小姐给他的小匣，不失风度地向付账处走去。

服务小姐用自己的机智成功地化解了一场社交危机，如果服务小姐当面指责这个顾客的偷窃行为，不仅会让这个顾客颜面无存，而且还会从此损失一个忠实的顾客。

（2）讥讽对方的失误

如果把每个人的失误当成笑柄，自己也就有了制造笑柄的失误。在社交中，谁都可能不小心弄出点小失误，比如念了错别字，讲了外行话，记错了对方的姓名职务，礼节有些失当，等等。当我们发现对方出现这类情况时，只要是无关大局，就不必对此大加张扬，故意搞得人人皆知，使本来已被忽视了的小过失，一下变得非常显眼，更不应抱着讥讽的态度，以为“这回可抓住小偷啦”，拿人家的失误在众人面前取乐。

《弟子规》中说“扬人恶，即是恶，疾之甚，祸且作”，意思是宣扬别人的恶行，就等于自己作恶。过多去评论他人、说人是非，不但有损于自己的德行，也会因此与人结下怨仇，祸延及身。所以，无论在什么场合，最好都不要谈论别人的过失，

因为这样做不仅会使对方难堪，伤害他的自尊心，使他对你反感或报复，而且也不利于你自己的社交形象，容易使别人觉得你为人刻薄，在今后的交往中对你敬而远之，产生戒心，如果把每个人的失误当成笑柄，自己也就有了制造笑柄的失误。

（3）让对手败得太惨

人生如棋局，为人处事有时候像下棋一样。只有那些血气方刚的年轻人，才会一口气赢对方十几盘，即使对方羞红了脸，也会视而不见，还在那一个劲儿地大叫：“将！这一盘你死定了！”

其实，让对方败得太惨，能够让对方对你产生抵触情绪，进而影响双方的感情。

在生活中或是学习中，我们可能会经常参加一些带有比赛性、竞争性的文化活动，比如棋类比赛、乒乓球赛、羽毛球赛等。尽管这是一些文娱活动，但大家都希望成为胜利者。在社会交往中有经验的人，在自己“实力雄厚”、能绝对取胜的情况下，往往并不使对方失败得很惨而狼狈不堪，反倒是有意让对方胜一两局，既不妨碍自己总体上的获胜，又不使对方太

失面子。比如有些象棋高手，在连赢几盘棋后，往往会有意走错几步，让对方最后赢一两盘。

其实，作为社交活动，并非正式比赛，对输赢不必那么认真，主要目的还是交流感情，增进友谊，满足文化生活的需要；否则，计较起来，会给对方造成不佳的心情。

据说国民党元老胡汉民酷爱下象棋，又把输赢看得很重，在一次宴会后，与棋艺不凡的陈景夷对弈时，本来已一比一平局，却要下第三局，在残局时，被对方将入死局。顷刻间，胡汉民脸色苍白，大汗淋漓，又急又恼，当场晕倒，三天后，因脑溢血死亡。

通过胡汉民之死，我们可以看出，让对手输得太惨，是一种不明智的做法，所以，人在职场中，应该处处与人为善，凡事留有余地。

我们在做事的时候，对别人要宽，对自己要严，面对“瓶颈”的时候，我们要看得开、忍得过。在我们工作的过程中，经常会遇到“瓶颈”，受到很大的阻碍，这个时候如果半途而废，不仅会失去很多机会，也浪费了很多时间。如果我们能够事先发现哪些地方有可能成为我们的“瓶颈”，先对这些环节加以疏通，就能防止执行时的拥塞，使事情顺利进行。

怎样找到“瓶颈”环节呢？首先我们要对这件事进行整体分析，掌握它的整体情况，再看看哪个环节是最困难的、最难做到的，最容易出现问题、发生变故的，可以在脑中把未来将要发生的事情预演一遍，每一个细节都要想到。然后，针对这些环节进行疏通，逐一解决问题，然后再开始正式进入工作程序。

2　1%的失误会造成100%的失败

人们常说：“细节决定成败。”对于大多数企业来说，大笔的金钱投入进去，最终的目的是为的赢利。可实际上，任何一个微小的失误，都会让你输得一败涂地。

如果是考场上,你错了一点,被减去1分,你就可以得99分。可是,在实际工作中,你如果失误一点儿,你就可能得零分,整件事情都可能遭受失败。

学习上的计算公式是:100－1＝99;工作中的计算公式是:100－1＝0。

比如,你在填写一张增值税发票的时候,如果不小心将其中一栏填错,那整张发票就作废了。对于这种行为来说,你只能算作得了零分。

在实际生活和工作中,这样的事情常常发生。因此,工作中没有小事,往往只有1％的失误,结果却导致100％的失败。所以,我们要认真对待我们的工作。

管理学上有个著名的“蝴蝶效应”,它重点说明的就是:一个小小的错误就可能为全局带来不可逆转的失败。

1979年12月,洛伦兹在华盛顿美国科学促进会的一次讲演中提出:在巴西,一只蝴蝶如果扇动它的翅膀,就有可能在美国的得克萨斯州引起一场龙卷风。这样的话听上去有点危言耸听,但留给人的震撼却是长久且深刻的。打这之后,这个“蝴蝶效应”的说法就传遍了全世界。

产生“蝴蝶效应”的原因是:蝴蝶在扇动翅膀的时候,会让自己身边的空气发生变化,并引起微弱气流的生产,而微弱气流又会引起周围空气或其他系统发生变化,由此引起连锁反应,最终导致所有的系统都发生变化。

这个效应说明,任何一件事情,它最终的结果,都与最初的某个动作密切相关。刚开始的时候,一点小小的失误,可能会产生截然不同的结果。

“蝴蝶效应”之所以被人们广为流传,主要是它含有深刻的内在哲学。从科学的角度来分析,“蝴蝶效应”反映了事情运动的一个重要特征,即初始条件对具体结果的影响性。

在西方,有一个广为流传的西方民谣,说的是丢失了一个钉子,结果损坏了一个马蹄铁;损坏了一个马蹄铁,结果失去了一匹战马;失去了一匹战马，结果让一位骑士受了伤；一位骑士受了伤，结果打输了一场战争；打输了一场战争，结果灭亡了一个国家。一个马蹄铁的损失，导致一个国家的灭亡。

这个民谣虽然看上去有些夸张，但细细体会你会发现，一个小小的细节往往会造成十分严重的后果，这个著名的民谣来自于一个真实的故事。

在1485年，英国国王查理三世在波斯沃斯战役中处于劣势。于是，查理三世准备殊死一拼，对方里奇蒙伯爵带着军队掩杀过来，这场战斗决定着谁将成为英国未来的统治者。决战进行的当天早上，查理三世派了一名马夫去准备自己最喜欢的战马，马夫便找到一位铁匠，让他为战马钉上一个马蹄铁。

铁匠对马夫说："你别着急，我慢慢打造最好的马蹄给你。"

马夫红着脸吼道："来不及了，速度要快，战马明天就要上战场。"

铁匠便匆忙工作起来，他找了一根铁条，结果只打了三只马蹄铁，到第四只马蹄铁的时候，铁钉用完了。

铁匠告诉马夫，还需要再给他一点时间，好将第四只马蹄铁所需要的铁钉打造出来。

马夫说："来不及了，快点吧，把马蹄铁钉在马蹄上就得了。差一两个铁钉大概不会有事，如果耽误了时间，国王该怪罪我们了。"

无奈之下，铁匠只好将缺少铁钉的马蹄铁挂在了马蹄上。

两军交阵的时候，查理国王冲在最前边，他要鼓舞军队的士气，想要亲自带队击败敌军，争取胜利。远远的，他看见战场另一头的士兵退却了。如果别人看见他们这样，也会后退的。所以理查策马扬鞭冲向那个缺口，召唤士兵继续战斗。

可是，就在他的战马还没有跑到一半的时候，一只马蹄铁掉了，战马失足倒在地上，国王摔下战马。敌军的部分纷纷围了上来，查理大吼："天啊，就因为一匹马，一匹马，我失败了！"

这时候，对方的士兵将查理活捉了，战斗结束了。就因为一个小小的铁钉，导致了一个国家的丧失。

故事引人深思，一个小小的细节，居然导致了这样大的失败，我们在叹息之余，更加应该重视事情的细节。

在工作中，许多重要的事情都是源于小事的，在我们喊出大口号、提出大目标的时候，不能忽略那些看似细小的细节。要知道，细节决定成败。不管做什么事情，都要关注细节、把握细节、才能确定事情最后的成功。

3　抓住每一个节约时间的细节

美国成功学大师奥里森·马登在他的《一生的资本》中说："世界上最难懂的一个道理就是：最伟大的事物往往是由最细小的事物一点一滴汇集而成的。"

不注意细节、随随便便的人会认为，伟人就是做轰轰烈烈大事的人。而实际上，那些在小事情上不注意的人，不屑于注重细微之处的人，也很难成就大事业。

在工作当中，不论是伟人还是平民，每天的生活都是从起床、洗漱这些小事情做起。把每一分钟利用好，也就意味着充分利用了整个人生的时间。

有一位朋友，他在时间管理上很成功。他给自己制订了严格的睡眠时间，既不少睡一分钟，也不多睡一分钟，等到闹钟响了，就毫不犹豫地爬起来，一点都不磨蹭，然后，他会打开收音机，一边听着新闻，或者英语，一边穿衣服、然后开始洗漱。

据他说，做这些小事的时间，完全能满足他一整天对于新闻或者英语练习的需求。其他宝贵的时间，就可以用来做更有意义和难度的事情了。

一天之际在于晨。每天如果我们都能在醒来之初就从管理好起床、洗漱、着装这些事情做起，有利于给我们自己营造一整天良好的心理状态和工作氛围。

如果我们一整天的时间，都能够沿着这样的道路走下去，日久天长，它就会形成一种习惯，这种习惯可以改变你的人生，改变你的命运。

如果能把吃早餐这样的小事处理好，你就可以获得一笔宝贵的时间财富。利用早餐时间来阅读新闻，来了解国内外大事、去获取各方面的信息，来提升自己的精神状态。

因此，懂得利用零碎时间来获得更多的新闻的人，就可以寻求到更多的可供自己支配的时间，可以提高时间的利用率和有效性，使自己的时间管理更为科学、更为合理。

一旦你学会了管理零星时间的技巧，日积月累，它就会形成一种习惯，这种习惯可以改变你的命运，把你带向成功之路。

走在时间前面的人，时间给自己留下了丰富的内容。跟时间同步的人，生活有条不紊，虽然不超速发展，却也安安稳稳。落后于时间的人，被时间控制，迷茫徘徊。

无时无刻，人都在和时间竞争。有时候失败，有时候成功。最重要的不是你失败的次数有多少或者成功的次数有多少，重要的是你成功的时候积极利用了的时间，是否超过你被时间超过所浪费的时间。平凡的人消费时间，最多与时间同步，失败的人浪费时间，往往落后于时间，而成功的人享用时间，走在时间前面。

对于一个享用时间的人来说，生活中任何一点的时间都可以有与众不同的利用方式。尤其是喝咖啡和午餐的时间，利用好了，完全能够做很多事情。

倘若和你一起进餐的是你的同事，而你们讨论的是工作的话题时，那就是另外一回事了，你不但可以学习到工作的经验，而且有可能在这样轻松的环境中，你灵感突发，就能解决一些平常解决不了的工作难题。你要拒绝的是闲聊，而不是有用的谈论。

有时候你的午餐结束，还没有到工作或者上课的时候，这就是你节约下来的有用的时间了，把它消耗在懒洋洋地躺在沙发上看电视是非常可惜的，这时候，不妨拿出一些英文报纸来，了解一下时事也训练下英文，或者可以安排一下你明天的工作，设计出一个最有效率的安排方式。

4 小事情决定你的未来

俗话说："合抱之木，生于毫末；九层之台，起于累土；千里之行，始于足下。"世上的一切大事，都是始于小事的。对于身在职场中的人来说，做好小事更为重要。因为，一件看似微不足道的小事，可能会令你顷刻得到老板的赏识，也可能会令你瞬间失去领导的信任。因此，职场无小事。

只要把那些许许多多的小事做好，才能够慢慢积累经验，获得成功。有时候，一件小事，能够改变一个人的未来。

在美国的密西西比湖畔，有一个乡下女孩，她的生活很穷困，但她从小就梦想要当一名全世界都知道的歌星。于是，她带着梦想来到了纽约。刚到纽约闯荡时，她的生活也是非常窘迫，常常因为拖欠房租而遭到房东的责难。为了实现自己心中的梦想，女孩白天学习音乐，晚上在一家小餐厅里当服务生。不管生活多么艰难，她始终没有忘记自己的梦想，坚强而执著地为自己的梦想拼搏着。

有一天，从门外进来一位面容憔悴、神情凄苦的老人，他为了躲避外面的狂风走进餐厅。所的有人都投来漠视的目光，甚至有人因为老人的寒酸要赶他出去，只有女孩动了恻隐之心，她知道，在美国有许多老人的晚年都过得非常孤独凄苦。于是，女孩搬了一把软椅让老人坐下，她还专门给老人唱了一首美国乡村歌曲，并热情邀请他参加她和朋友们的聚会。渐渐的，老人的心情舒畅了许多，脸上也有了笑容。

两个月后的一天，女孩意外地收到一封加急邮件，她打开一看，里边有一封信、一串钥匙和一张巨额支票，这些东西让女孩惊讶万分。

信的内容如下：

孩子：我年轻的时候收养了3个孤儿，为此一直没有结婚。可当我含辛茹苦地教育他们长大成人并扶持他们建立了自己的事业后，他们却抛弃了我这个养父。我退休前在一家公司当工程师，有着丰厚的收入，但钱对我这个历尽沧桑、将要入土的老人毫无意义，我需要的是亲人的爱与温暖。孩子，只有你给过我这种金钱难买的感觉。现在，我已回到乡下落叶归根，我要把一生的积蓄和房子都留给你，希望这些钱能帮助你实现你的梦想。

女孩心潮澎湃，久久难以平静。为了告慰老人，她用这笔钱做了一张音乐专辑，随即这张唱片风靡全球，她就是当今世界乐坛久负盛名的歌星——麦当娜。

一把椅子成就了一位国际巨星。可见，我们做好一件小事，就有可能改变自己的未来，正如故事中的麦当娜一样，因此而得到命运的转机。

其实，生活往往就是这样，当你在举手投足间撒下一粒爱的种子，有一天，当它成熟并为你带来丰硕的果实时，你才会恍然大悟——原来，你之前一件举手之劳的小事，却因此而收获了成功的果实。

因此，身在职场中的人，尤其是新人，都应该做好手边的小事，从小事着手。机会，对于每一个人都是平等的、公正的，就看谁能抓得住。

为什么许多人总会感觉自己始终找不到机会，总感觉机会迟迟不降临到自己头上？这其中很大一部分的原因就是因为他们不懂得珍惜，不懂得做好自己身边的那些琐碎的小事，这样，他们错失了许多宝贵的机遇。

所以，一个人，不能眼界太高、欲望太奢，要记住，无论多么伟大的事业，都需要从小事着手，那些对很多小事不愿意或根本不屑于去做的人，总是慨叹生活的失败者。表现一个人综合素质的，往往是一些细小之处。

当我们和周围的竞争者在知识、能力上不相上下时，唯一能够让我们脱颖而出的，就是一些微小的细节，一些微不足道的小事，而机会，不过是做好每件小事之后的水到渠成。

当然，这里所说的小事都是重要的，但是，有一点需要引起职场人士的注意，那就是虽然说小事重要，但不要为一些无关痛痒的小事耿耿于怀。

那些没有任何价值的小事不但会浪费你的时间、耗费你的精力，还会影响到你的情绪，降低你的工作效率。

英国著名作家迪斯雷利曾经说过：**“为小事生气的人，生命是短暂的。”**如果你真正理解了这句话的深刻含义，那么你就不会再为一些不值得一提的小事情而生气了。

因此，对工作有益的小事，不管多小的事情都要将它做好；没有任何价值的小事，不要太过于在意。

将自己手头每一件小事做好，你就能成就一番大事业。从这个角度上来讲，小事决定着你的未来。

5　伟大的成绩源自日积月累

欧洲有一句谚语：“最大的东西，最初往往是最小的。”

那些能够从小事中看到未来的人是智者，那些能够把小事最终变成大事的人更是智者。在地下播下种子，不久会生根发芽，最终长成参天大树，那些懂得最初播下种子的人才是真正的智者。

无论何时都要记住，不要轻视细小的东西。伟人们常常对小事非常重视，因为他们非常清楚，无论什么惊天动地的创举，都是由很小的事情开始的。一些看似无谓的选择其实是奠定我们一生重大抉择的基础。

古人云：“不积跬步，无以至千里；不积小流，地以成江海。”无论多么远大的理想，伟大的事业，都必须从小处做起，从平凡处做起，所以对于看似琐碎的选择，也要慎重对待，考虑选择的结果是否有益于树立起远大目标。

《道德经》说:“图难于其易,为大于其细。天下难事,必作于易;天下大事,必作于细。是以圣人终不为大,故能成其大。”

这句话就是讲:做任何事情都要从小事着手,从最容易的地方开始。一些大事,都是从一些细节开始做的,圣人做事的高明之处就在于,他们不会一开始就去做大事,他们懂得成功从小事开始的道理,并且按照这样的准则去做事。

其实,这种做事方法在我们生活中处处可见。每个人都有自己的学生时代,在学生时代就会有考试。每次考试的时候老师都会这样说:要把一些简单的题目做好,要从最容易的题目入手,如果一开始就去做很难的题目,既浪费时间和精力也不会有很好的效果。在生活中,我们做事情同样是一种考试,也应该按照这样的思路来行事,这样才能考出好成绩。

仔细观察周围的人就会发现。每逢节日人们都要给家人、亲友、老师或同学打电话问候,信任和感情是从这样的小事中培养出来的。“勿以善小而不为,勿以恶小而为之”,这是三国时期刘备的一句名言,这句话恰当地说明了小事的重要性。

美国著名的福特公司创始人福特大学毕业的时候,去应聘汽车公司的职位。因为和他同时去应聘这家公司的三四个人的学历都比他高,他觉得自己没什么希望了。

他当时只是抱着试试看的态度去的,一进董事长办公室,他发现地上有一张废纸,就弯腰捡起来丢进了废纸篓,然后才走到董事长的办公旧桌前,说:“我是来应聘福特……”

话还没有说完,董事长就微笑着对他说:“很好,你已经被我们录用了。”

福特感到很意外,问为什么自己能有这样的机会。董事长说:“前面三位的学历比你高,但是他们只能看见大事,而看不见小事。而只能看见大事,忽略小事的人是不会成功的。”福特就这样进了这家公司。福特只是在不经意之间做了一件别人都不

愿意做的小事，却很轻松地为自己敲开了成功之门。

为什么会有这样的结果？因为小中可以见大，从小事当中就能看出一个人的人品。正如我们古语说得一样，“窥一斑而知全豹”、“见一叶落，而知天下秋”。

那位老板正是从一件小事上看到了福特诚实的人品，而人品又是一个人最重要的素质。

做任何事情都不能掉以轻心，真正智慧的人做任何事情时都会经过周密的观察与思考，因为世间的事情都不是单纯的存在，而是互相关联的，犹如锁链一般，一环紧扣一环。若在小事情上麻痹大意，往往会影响到诸多大事情的实施，正所谓“一招不慎，满盘皆输”。

人们常常不屑去做一些小事情，总是觉得太小，没有意思，但是“汪洋大海，由小溪汇聚而成”的道理，却是众所周知的，只是不少人并没有从中受到教益。

6　抓住细节中蕴藏的机会

在工作中，许多机会往往蕴藏在细节中。我们在平时做事情的时候，任何一个细节都可能影响全局，不能因为它影响小，微不足道，就因此轻视它。

也不要因为某个细节简单不容易被人发现，就因此而忽略它。更不要因为它从来没发生过问题，就轻视它。在意识上不能有一丝一毫的疏漏，如果哪里有疏漏，哪里就有可能被“病毒”侵入。因此，我们不管在工作中还是在生活中，都要学会认真地对待每一件事情，重视每一个节细。

要知道，工作中没有小事，那些看不到细节、不把细节当回事的人，注定是职场上的失败者。因为，那些忽略细节的人，往往会对工作缺乏认真的态度，对事情只能是敷衍了事。而如果能够注意做好每一件小事的人，就能够克服万难，在把事情做细的过程中，寻找机会，从而使自己走上成功之路。

许多时候，机会往往隐藏在细节中！只有用心观察，才会在看似平常的事情上，发现深藏不露的机遇。有的时候，机会就在拐角处等着我们。

有一个年轻人抱着梦想来到一座大城市闯荡。在这座城市中，他吃过不少苦，也走了不少弯路，他也曾经历过失败，但他却从未放弃过对梦想的追逐。

后来，他自己借钱开了一家小广告公司，自己既做老板，又做业务员，整天忙里忙外，还不停到各地去联系广告业务。

有一次，他乘火车出差。火车行驶在一片荒无人烟的旷野当中，车上的乘客们一个个都百无聊赖地向窗外张望着。

前面不远有一个拐弯处，火车减速行驶，一座简陋的平房缓缓地进入了年轻人的视野。也就在这时，几乎所有的乘客都瞪大的眼睛“欣赏”起寂寞旅途中这道特别的风景来。

有的乘客开始窃窃议论起那座房子来，有的说这房子如果再盖得大一些就好了；有的说，如果把房子拆了建一座公园就好了；有人说，拆了房子建公园太不靠谱，只要能建成一片绿地，种一些树木就很不错了……

年轻人并没有听这些人在议论什么，他的心早已飞向了刚才经过的那座房子。返回时，他中途就下了车，四处打听，不辞辛苦，终于找到了那座房子的主人。

他向房子的主人询问房子是否能卖给他？房主告诉他，每天火车都要从门前驶过，噪音实在让他们难以忍受，所以他早就想以低价卖掉房屋，但很多年了，一直没有人来买。

年轻人与房主商量，要买下那座房子，房主自然高兴地答应了，双方议定价钱为 3 万元。不久，年轻人用 3 万元买下了那座房子，他觉得这座房子正好处在拐弯处，火车只要经过这里时，都会减缓速度，疲惫的乘客一看到这座房子都会精神一振，用来做广告是再合适不过的了。如果有大的广告商能够合作，那将会得到一笔相当可观的收入。

买下这个房子之后，年轻人开始和一些大公司联系，推荐房屋正面这道极好的“广告墙”，最后，这面“广告墙”被可口可乐公司看中了。他们认为这个广告媒体肯定能起到相当不错的效果，于是他们同意在这里做广告。

就这样，年轻人将“广告墙”租给可口可乐公司，而可口可乐公司付给年轻人3年的租金是18万元。

在这个世界上，并不缺少机遇，缺少的是发现机遇的眼睛。只要能够仔细观察生活，悉心感受生活，你会发现，在生活的每个角落里，似乎都隐藏着机遇。只要我们抓住了它，就能够让自己变得更加富有，更加成功。

在这列火车上，看到这个房子的乘客成百上千，但是，却只有一个人发现了其中蕴藏的商业机会，也许有很多人萌发了多种多样的想法，但是，将想法落实到行动中的只有一个人。所以他成功了，用一幢破房子赚了18万。

不管在任何时候，我们都要注重细节。所以，无论何时都要记住，不要轻视细小的东西。伟人们常常对小事非常重视，因为他们非常清楚，无论什么惊天动地的创举，都是由很小的事情开始的。

一些看似无谓的选择，其实是奠定我们一生重大抉择的基础，无论多么远大的理想、伟大的事业，都必须从小处做起，从平凡处做起，所以对于看似琐碎的选择，也要慎重对待，考虑选择的结果是否有益于树立起远大目标。

在生活中，我们做事情同样是一种考试，也应该按照这样的思路来行事，这样才能考出好成绩。

7 做好小事，赢得人心

如果你想得到人心，就要注意从点点滴滴的日常小事中，真诚地尊重和关爱他人,让他们时刻能感受到你的关怀。然而,由于工作繁忙、时间宝贵,你可能很少与人接触,即便有一颗诚心,别人也无法知晓。那么,你不妨把真诚之心表现出来,在适当的时候给人施以恩惠。

不要认为,施点恩惠是平庸人的惯用伎俩,你是一个有能力、有威望的人,根本就用不着来这一套。你有关爱之心,也依附于某种行为才能体现出来。你把爱心锁在心里,怎么能够无时无刻地温暖别人呢?又怎么能够激励别人为你尽心尽力地工作呢?

希尔顿饭店的创始人希尔顿先生,有一次由于负债累累,面临破产的威胁。他对自己的朋友哈里说:“我已经无路可走了。”

“路还是有的。”哈里一边说一边拿出了支票簿,签了一张5万美元的支票,笑着对他说,“把账还了吧!”

见到这种情形,希尔顿先生简直难以置信。

他说:“你知道,我可没有什么东西做抵押!”

哈里反问说:“我向你提这个要求了吗?”

希尔顿也坦率地说:“要是我真的破产了,你的钱就白扔了。”

“我相信你,我的朋友。”哈里拍了拍希尔顿的肩膀,意味深长地鼓励道。

在哈里的鼓励和资金的扶持下,希尔顿精心经营,终于把他的饭店发展成为著名的世界级品牌。

现代人几乎都很忙,不要认为自己很忙,就有理由忽略周围人的感受。你应该多花时间了解别人,接近别人。了解他们的喜好,记住他们的名字,对他们的性格也完全了解,甚至尊重他们的行为习惯。

那么,你就会在他们喜庆的日子、烦恼的时候,或是处境艰难的时候,不失时机地送上一份祝福和鼓励,不要以为这些都是小事,当你帮助别人圆满地完成一件事情的时候,他们甚至会特意寻找机会,及时地帮助你做某一件事情,以此来表达他们的感激之情。

一个颇有名气的大企业家在谈他的经营秘诀时说,他要做的只有两件事：一是用好人，维护好人；二是把好关，堵漏洞。他的经验突出了他是管人的，而下属是做事的。

有人说："没有卑微的工作，只有卑微的工作态度。"此话非常有理，我们只有认真地对待工作中的每一件小事，才会成就大事，才能在激烈的竞争中立于不败之地。

李丽是一名普通的教师。她每天不是第一个到学校的人，也不是最后一个离开学校的人，但她绝对是一个值得信赖的教师。

她的人生信条就是：不放过工作中的每一件小事，做好遇到的每一件事情。无论是班会，还是早操，不管是教室的卫生，还是孩子们的每一次作业，她都是认认真真地对待，踏踏实实地完成。

学期结束，她既没有在报刊上发表很多的文章，也没有干出什么惊天动地的大事，学校照样给了她很高的奖赏，家长也给了她很高的评价。

在总结工作经验时，她只说了一句话："我干好了学校交给的每一项工作，在工作当中，我没有留下遗憾。"

这句话看似简单，可要做起来却并不简单。做好每一件小事，并且不留遗憾，说起来简单，做起来却很难，这也是需要我们用自己的全部生命去完成的工作。认真做好了小事，其实也就是在完成大事。把每一个小事都精耕细作，这需要高度的责任心、敬业精神和严谨求实的态度，它要求你必须付出数倍于别人的努力，只有这样，才有可能取得超越他人的成绩。

我们所做的各种工作是由无数工作细节组成的，每一个工作环节都十分重要。我们必须坚持高标准、严要求，把每一项细小的工作落到实处，不断提高工作质量，才能够大大减少工作失误，大大提高工作效率，实现既定的奋斗目标。

人是社会的人，要想在社会这个舞台上获得生存和发展的空间，就必须学会为自己创造一个良好的人际关系环境，赢得人们的信任和支持，赢得人心，需要从小事做起，从细节做起。

8　努力工作，不为自己找借口

如果一个人在工作中一旦养成“找借口”的习惯，那他工作质量一定是令人担忧的，做起事情一点精神也没有。这样的员工不但不可以得到领导的赏识，而且迟早会被公司炒掉。

麦克是公司里的一位老员工了，他在一次出差的时候，发生了一次车祸，伤好了以后，给他留下了后遗症，一只脚有一点跛。

有一次，他手里的一笔业务让竞争对手给抢走了，原因是因为他晚到了20分钟。事后，他向老板做了合理的解释，是因为他的腿伤发作，所以才晚到的。

老板原谅了他，麦克好不得意。从那以后，麦克经常拿自己的腿伤当借口，如果遇到费力不讨好的业务，他就说自己的腿有伤，把这个难处理的业务推给别人，如果遇到比较好谈的业务，他又跑到上司面前，说自己的脚不行，要求照顾他，将这样好谈的业务让他去谈。他就这样拈轻怕重，处处计较，时间一长，他的业务成绩直线下滑，没有完成任务，没过多久，他就被公司辞退了。

没有一家公司喜欢处处找借口的员工，而反反复复的借口也从侧面反映出这个员工的工作能力低下，因此，这样的员工被炒，自然也就是情理之中的事了。

在很多时候，人们喜欢用各种各样的借口来推卸自己的责任，这也是令许多管理者都十分反感的事情。

在某市话剧院，有一场万人翘首以待的话剧正式公演，不知由于什么原因，却演砸了，剧院经理非常恼火，他把剧组的工作人员都叫了过来,想要弄清楚究竟哪些方面出了问题?

经理首先问导演:"你先说一下你的看法。"

导演慷慨激昂,说了一大堆理由:编剧设计的台词过于拗口、服装师迟到十多分钟、灯光和美工没能按照要求工作、演员的表演还欠火候……

经理听他说完了之后,对他说:"你说的似乎非常合情合理。那么,你作为该剧的导演,你的责任又是什么呢?"

导演看了一眼经理,小声地说:"出现这样的问题实在与我完全无关……"没等他说完,经理就冷冷地对他说:"那么,从今以后这里没有你什么事了。"

剧院经理又把目光投向了编剧,编剧非常恐慌,他极力地争辩道:"当时剧本里所有的台词,都是导演亲自敲定的,至于它是不是拗口,我本人并不知情。因为,导演改剧本时,从未征求过我的意见。所以,对于这件事情,我是没有任何责任的。"经理冷笑着看了他一眼,冷冷地说:"那么,从今以后这里也没有你什么事了。"

接着,经理又一一询问了服装师、灯光、美工和演员,他们每个人似乎都有许多充足的理由来证明自己是无辜的。他们的理由看似合情合理,仿佛一场剧演砸了,与他们真的一点关系都没有。

最后,经理告诉他们,对于这次事件,必须找出一个具体的人来负责。这些人坐在一起,讨论来讨论去,选出了一个最佳的负责人——刚来剧院不久的一名年轻剧务。

其实,经理知道在这位剧务来剧院之前,这场话剧就已经开始排练了。但是,当他把目光投向年轻的剧务时,这名年轻人并没有为自己辩白,而是勇敢地担起了责任。经理见这个年轻人如此主动地担当"替罪羊"的角色,就没有再追究下去。

在剧院经理的亲自督促下,这场话剧又一次上演了,此次演出轰动了全市。在经验交流会上，剧院经理要求大家选出一位表现最出色的工作人员上台领奖。

此时大家争相抢夺这难得的机会，互不相让，很长时间没有结果。最后经理发言，他提出由当初那位为演出失败承担责任的剧务上台领奖时，众人只能垂头丧气地散开了。

在管理者心中，最优秀的人才，往往是那些没有任何借口的人，因为，在这个世界上，大多数人都只会做对自己有利的事，一旦遇到需要承担责任时，他们往往会寻找出各式各样的借口，躲得远远的。而那些不找任何借口、只是埋头苦干的人，永远是最值得老板信赖的人，也最容易得到提拔的机会。

因此，我们在工作中，要抛弃寻找借口的习惯，学会主动完成自己的工作。如果能够这样，你就会在工作中学会大量解决问题的技巧，而借口就会离你越来越远，成功就会离你越来越近。

第八章　每天进步一点点，在工作中提升自己

很多人都渴望获得成功的秘诀，其实，这个秘诀真的很难掌握，虽然一千个读者的心中就有一千个哈姆雷特，一百个成功者就会有一百种答案。但是，将所有成功者的经验归纳起来，其共性只有一条：那就是每天比别人多付出一点的劳动和努力，积沙成丘、集腋成裘，经过日积月累之后，这“一点点”，就会成为伟大的成就。

1　职场不相信“怀才不遇”

职场之中，只相信勤奋努力者流下的汗水，不相信“怀才不遇”者的清高。那些自以为“怀才不遇的人”，都是失败者为自己寻找的借口，一个真正的成功者，他所寻找的不是借口，而是方法。

任何人的成功都不是一帆风顺的，都会在成功的道路上遇到许许多多的坎坷和挫折。要击退这些坎坷和挫折，最好的办法就是加倍努力，让自己变得更强大，只有这样，才会有出人头地的那一天。

如果只是消极地抱着“怀才不遇”的念头，自暴自弃，自己心中所构建的一切伟大的“建筑”，到头来都将会是南柯一梦。更可怕的是，长期地抱有“怀才不遇”的偏见，会让一个人变得外强中干，甚至走向沉沦。

有一位年轻人，他在职场打拼多年，依然一无所获。于是，他便时常发牢骚，感叹命运的不公平。

在年轻人居住的村子里，有一位白手起家的富翁。有一天，年轻人终于鼓足勇气，敲开了富翁家的门，希望能从富翁那里学到一些关于成功的秘诀。

年轻人一进门，富翁就问：“你一定想知道我是怎样白手起家的吧？”

“您是怎么知道的？”年轻人暗暗地对富翁的判断力感到惊讶。

富翁说：“因为在你之前，已经有很多位自认为一无所有的人来找过我。来时他们确实贫困潦倒而且牢骚满腔，但走时俨然个个都成了富翁。其实，你也具有如此丰厚的财富，为什么还抱怨命运呢？”

“我现在一无所有，哪里有什么财富呀？”年轻人自嘲地问。

“你的一双眼睛就是财富。现在，只要你给我一双眼睛，我愿意用100万作为补偿，你愿意吗？”

年轻人马上反驳说：“不！我不能失去眼睛！”

“你的一双手也是财富。把你的一双手给我吧，我可以给你200万。”

年轻人叫道：“不，我不能失去我的双手！”

富翁微笑着说：“既然有一双眼睛，你就可以学习；既然有一双手，你就可以劳动。现在你看到了吧，你有多么丰厚的财富啊，这就是我所谓的成功秘诀。”

年轻人听了，如梦方醒。他拜谢了富翁，昂首阔步地走了出去，俨然自己也成了一位富翁，因为他知道自己是多么的富有。

职场中，有许多人也像故事中的这位年轻人一样，他们总是在抱怨自己生不逢时，怀才不遇；抱怨命运的不公平，抱怨没有“伯乐”来发现自己这匹难得的“千里马”。在这样喋喋不休的抱怨中，日子一天一天地过去了，而这些人也越来越消沉，越来越贫穷。“怀才不遇”、“没有伯乐发现自己”，已经成了这些人自甘堕落的借口。

有人曾做过这样一个实验；将一条饥饿的鳄鱼和一些小鱼放在水族箱的两端，中间用透明的有机玻璃板挡开。刚开始，鳄鱼毫不犹豫地冲向小鱼。可是它失败了，但鳄鱼毫不气馁；接着，它又向小鱼发动第二次更猛烈地攻击，然而，这一次又失败了，并且把自己的头也撞伤了；但它还要攻击，第三次，第四次……一连多次攻击无果后，它不再攻击了。

这个时候，试验人员将水族箱中的有机玻璃挡板拿开了，你知道鳄鱼会有什么样的反应吗？它还会不会攻击那些小鱼呢？你肯定会说：它当然会，有挡板的时候，它都会义无反顾地攻击小鱼，现在挡板撤掉了，鳄鱼肯定会吃掉小鱼的。

可是，答案与事实正好相反，鳄鱼不但没有攻击小鱼，它还能无动于衷地看着那些小鱼在自己眼皮底下悠闲地游来游去。鳄鱼已经在一次次的失败中，放弃了一切努力。

在职场中，也有许多像这条鳄鱼一样的人，他们在职场中拼搏的时候，遭遇了很多困难和失败后，已经彻底失去了继续“战斗”的勇气，激情一点点消逝，梦想一点点死去，剩下的只有黯淡的眼神和悲伤的叹息，他们开始感到无奈、悲观、失望，最终走向绝望。

为了给自己的失败寻找借口，也为了给自己的不安寻找理由，他们努力地为自己编织各种各样美丽但并不坚实的谎言，让自己的失败合理性，让自己放弃得理直气壮。

比如，他们会说：这个世界太不公平；我没有高文凭；我长得不漂亮；我没有家庭背景；我讨厌吹牛拍马；我太善良，我憎恨尔虞我诈；如果给我机遇，我也会发财……抛弃这些“如果”，他们的结果只有一个，那就是甘于贫困，依然“怀才不遇”。

职场上的这些“怀才不遇”者，他们总是抱怨老板对他们太苛刻，工资太低，抱怨公司没有为他们提供更好的平台，抱怨社会没有给他们施展才华的机会。

可是，他们却从来没有想过通过努力工作，为自己创造机会。他们最大的错误就是不知道“怀才不遇”，是职场成功最大的陷阱，机遇从来都青睐有准备的人。

一个渴望成功的人应该主动寻找机遇，创造机遇，而不是等待机遇从天而降。

那些沉湎于“怀才不遇”的状态中自我陶醉、自我欣赏的人，要知道，这种状态，是对自己最大的欺骗，所有的“怀才不遇”者，都要永远记住：世界不会因你而存在，也不会因你而消亡。与其自我欣赏，不如给自己找到合适的位置。从现在开始，把工作做好，才是人生最明智的选择。

2　善于自我反省，补上自己的短板

孔子提倡“日三省吾身”，荀子说：“君子博学而日常省乎己，则知明而行无过矣。”人贵有自知之明，人应该经常反省自己在做人、行事、学习、人际方面，有哪些问题，哪些做错了，哪些做对了。错则改之，对则勉之。

鲁迅就经常解剖自己，发现自身的缺点和过失，并立刻改正。人如同一块天然矿石，需要不断地用刀去雕琢，把身上的污垢去掉，雕琢后的矿石才能更光彩照人、身价百倍。

《周易》说“谦谦君子，卑以自牧”，就是说人要反省自我，通过自我反省，来提高自身的修养，用一只木桶装水，能装多少水，取决于最短的那一块木板的高度。

如何才能找到自己在职业生涯中的“短板”，并且加以改进？这需要在工作实践中多下工夫。经过一段时间的实践，我们记录下自己的工作事项和工作方法，事后来进行总结反省，找出需要改进的地方加以改正，这样我们才可能将短板有提高。

通过不断总结，我们可以找出我们的工作中存在的不足。在实践中，我们可以发现，哪些事情是无关大局的，哪些事情是必须优先处理的。所以建议你，在每晚睡觉前“放电影”，回顾刚刚过去的一天，找出这一天中值得日后效法的工作方法，同时也找到需要改进的地方。

你应该每隔一段时间，翻开你这段时间的工作记录，对其中内容进行反思，巩固优点，摒弃不足。这样对你的收获也许比读几部书更为明显。

只有主动寻找方法去解决工作和生活中遇到的难题，你才会获得更多的资源，在通往成功的道路上少走弯路，才能迈向更大的成功。

两个农民在种地的时候，开始比赛，看谁挖的土豆坑既整齐又美观。

两个人商量好之后就开始劳动，甲农民生怕被对方给落下，拿起工具开始行动，他用的办法是，挖第二个坑的时候，跟第一个坑对齐，他以为这就是最妥当的方法，谁知，等到他挖完了一行的时候，发现自己的土豆窝子已经歪到一边去了。

在甲农民已经发现自己的坑出现歪斜的时候，乙农民刚刚开始挖坑，原来，就在甲农民埋头苦干的时候，他先在田地的两端插上一根竹竿，然后拉上一根绳子，有了这个绳子之后，他才开始挖坑，很快，一条笔直的地坑就出现了，比赛的结果当然是乙农民赢了。

甲农民见了这样的结果，大惑不解，他向乙请教，乙告诉他，在开始行动的时候，他先仔细考虑了怎样才能挖得直。他得出的结论是，直就是从田地这边到田地那边，先定好一段笔直的线，单单两个土豆窝子直，是不行的，于是他便在田那边竖起一根竹竿，照着竹竿的方向挖，一发现出现偏差，就赶紧开始调整，所以才能获胜。

他评论甲的方法说，看着前一个土豆坑，决定第二个土豆窝的位置，如果第一个有所倾斜，第二个就会跟着歪，这样下去，结果自然可想而知。

一个简单得不能再简单的事情，挖土豆坑都有这么大的学问，在这个故事中，让我们终身受益的是乙农民的做事方式——做事之前，一定先弄清楚自己的目标所在，跟着感觉走，是无法达到好的结果的。

弄清楚目的，你便可以为自己的行动设计出最有效率的方式，就像乙农民那样，按照自己的预定目标，一步一个脚印。有了正确的方向作为指规，成功就指日可待。

这不是夸张，现实中能够干扰我们诱惑我们偏离起初方向的东西实在是太多了。就像农民家挖的土豆窝子一样，出现一个小问题后，很容易被不断地扩大，最终走向不好的结果。

任何一个人要想高效的工作，就绝对离不开目标，只有每天向目标奔去，才可能让自己的工作行之有效。

没有明确的目标，只能是徒然分散了精力，浪费了光阴，到最后追悔莫及还不知何故。有的人也许会说，我去思考了事情的目的，可为什么还是存在着不好的结果呢？

这个时候，你要反省一下自己，是否真正地理解了事情的目的，或者是自己在一厢情愿地误解？多问问自己，这件事情的目的究竟是什么？除了表层的要求是否还有一些深层的要求，你会发现，你做事情的效能会增长很多。当然，这一切的前提是要学会自我反省，知道自己的不足之处。否则，不但不会提高效率，反而会影响到自己的工作效率。

当然，在职场上，没有万能的人，每个人都有自己的不足和缺点，我们要在工作过程中，认识自己的不足，并加以弥补，只有这样，我们才能走出一条更加辉煌的职场之路。

3 不要让恐惧挡住你的路

恐惧是一种情绪，也是人类普遍存在的一种心理状态，恐惧产生的原因，多半是因为周围发生了不可预料的事情所导致的，但是，人类的本能就是摆脱恐惧。出于对不可预知的未来的恐惧，很多人不敢面对生活的挑战，这种心理表现为自卑、腼腆，做事情缩手缩脚。

魏燕大学毕业后，如愿以偿的成为了一名记者，但只是到了一家不知名的小报社任记者。这一天，她的上司交给他一个任务：采访当地一位有名的大法官张辉明。

这是工作以来自己接到的第一个重要任务，魏燕不是欣喜若狂，反而愁眉苦脸。她想：自己任职的报社又不是当地的一流大报，自己也只是一名刚刚出道、毫无名气的小记者，大法官张辉明怎么会接受她的采访呢？

当同事知道了她的苦恼以后，安慰她说："我很理解你现在的心情，但是请允许我来打个比方——这就好比躲在阴暗的房子里，然后想象外面的阳光多么的炽烈，因此而不敢迈出这个阴暗的小屋。想要知道外面的阳光是不是像自己想象的那样炎热，其实很简单，就是勇敢地走出小屋，亲身去体会。迈出重要的第一步，你就成功了一半。"

同事说着，随即拿起桌上的电话，拨通了法官办公室的电话。很快，他与大法官的秘书联系上了，接下来，他的这位同事直截了当地说出了他的要求:“我是某报社新闻部记者魏燕,奉命采访法官,不知他今天能否接见我呢?”同事的这一举动把旁边的魏燕吓了一跳。

同事一边打电话,一边不忘抽空向目瞪口呆的魏燕扮个鬼脸。接着,同事听到了对方的答复:“很欢迎你们来采访,采访时间定在明天下午1点15分,你看可以吗?”

同事很爽快地说:“好！明天我准时到。”

然后,他回过头来对魏燕说:“瞧,直接向人说出你的想法,不就可以了吗?其实问题很简单,事情没有你想得那么可怕。”

说完这句话,那个同事又拍拍魏燕的肩膀说:“记住,采访时间是明天下午1点15分,做记者的人,千万不可以迟到。”

多年以后,昔日羞怯的魏燕已经成为这家报社的首席记者了,当她回忆起此事,仍觉得刻骨铭心,她说:“我从那时开始,我学会了单刀直入的办法,虽然做起来不易,但很有用。而且,第一次克服了心中的畏怯,下一次采访就容易多了。”

上面的这个例子说明的道理很简单:就是当你在即将到来的困难面前,畏缩不前时,要努力克服自己心中的畏惧,勇敢地迈出第一步,随后,你便会发现,其实,这个困难本来没有你想象的那么大,路途并不如你想象中的那么艰辛、漫长。

勇敢地去做,其实事情很简单,而且很快会被解决。这样不仅会增强自己的信心,而且还会提升自己的工作效率。

当一个人恐惧面对还没有开始的事情时,就会畏首畏尾,不敢前进,在原地打转。这样,时间就会在不断的徘徊中慢慢流逝,结果事情没有进展,影响工作效率。

面对这样的情况,首先应该放下包袱,不要在恐惧中浪费时间,而是应该把时间用在如何解决这个事情上来。只有这样,才能不断前进,在有限的时间里,把事情做好。要想克服恐惧,你可以采取以下措施。

(1)直面恐惧

当你直面恐惧的时候，你就会发现，不管面对哪件事情，恐惧几乎起不到任何积极的作用，只会让你耗费无畏的时间和精力。当你认清了因为恐惧所付出的巨大代价时，也许从此就不再恐惧了。

(2)叫停恐惧

当恐惧的念头刚刚出现的时候，立即用一句“停止”来阻止它。只有鼓起勇气叫停恐惧，你才有可能消除恐惧的心理。其实，当你打败恐惧向你理想中的目标大举进攻的时候，你就会发现，你朝思暮想的成功正敞开着怀抱期待着你的到来呢。

(3)采取行动

勇敢者不是没有恐惧，而是可以不为恐惧并用行动战胜它。不要骗自己说不害怕，就让自己尽情去体验一把恐惧，然后把它转化成力量。这样做的结果是，一开始你会感觉到恐惧，但是很快它就会被平静取代。

太阳不会因为你害怕明天而不升起，困难不会因为你懦弱而不到来，问题不会因为你逃避而自动消失。我们无法改变周围的环境，那为什么不试着改变自己，勇敢地面对生活中有可能出现的失败呢？

当我们遇到问题，在目前看来，可能是天大的事，我们只有勇敢地面对，想尽办法去解决，除此之外，没有任何好办法。面对困难时，不要逃避，也不要懊恼、焦虑，更不要为自己的逃避寻找理由。就算没有希望了也要坚持到底，希望往往出现在绝境当中。

勇敢地面对困难，想办法去解决，只要解决了所面对的困难，那么，所要做的事情也就会成功。

恐惧就像一团迷雾，让人们看不清事物的本来面目；恐惧就像一块绊脚石，阻碍了人们走向成功的步伐；恐惧就像一套枷锁，束缚了人们的四肢和大脑；恐惧是一种消极、暗淡的思想，让我们浪费了很多无谓的时间和精力，只有早一天把恐惧从我们的脑海里驱除出去，我们才能早一天迎来快乐和自信。

4　在不断进步中走向成功

当人们遇到各种事情的时候,应该换个角度去看问题,不能一条道走到黑,不能一个劲钻牛角尖。在学习中也应如此,只从一个角度去分析、解答问题,是不会有进步的。在生活中遇到的事情要比学习中的问题多得多,而且是五花八门的,这就要求我们更要注意运用“换位思考”这个妙方,多一些理解,少一些埋怨,多一些宽容与和谐,少一点斤斤计较。如果做到了,事情就容易解决了。

任何一个人都是一个天才,只要我们能够充分地鼓励他们,让他们有一个积极健康的心态,让他们不断进步,不断超越自己,那他们就一定能够还给我们一个奇迹。

有这样一个年轻的妈妈,第一次参加家长会,幼儿园的老师说:“你的儿子有多动症。在板凳上连三分钟都坐不住了,你最好带他去医院看一看。”

回家的路上,儿子问母亲:“老师都说了些什么?”

母亲鼻子一酸,差点流下眼泪。因为全班30位小朋友,唯有自己的儿子表现最差,然而,这个母亲犹豫了几秒钟之后,她这样告诉自己的儿子:“老师表扬你了,说宝宝原来在板凳上坐不了一分钟,现在能做三分钟了,其他孩子的妈妈也都非常羡慕妈妈,因为我的宝贝进步了。”

那天晚上,她的儿子非常听话,吃饭的时候也不让妈妈喂了,而且,在幼儿园里,破天荒地,坚持坐上10分钟不乱动。

儿子上小学了。家长会上,老师对这个孩子的妈妈说:“全班50名同学,这次数学考试,你儿子排第49名,我们怀疑他智力上有些障碍,你们最好能带他去医院查一查。”

回家的路上，母亲留下流泪。然而，当她回到家里，却对坐在桌前的儿子说说："老师对你充满信心．他说了，你并不是个笨孩子，只要细心，会超过你的同桌，这次你的同桌排在第21名。"

说这话的时候，她发现，儿子那黯淡的眼神中一下子充满了光亮，沮丧的小脸也一下子舒展开来，她甚至发现，儿子好像突然长大了许多。

第二天上学时，他去的比平时都要早。

孩子上了初中，又一次家长会。母亲坐在儿子的座位上，等着老师点她儿子的名字，因为每次家长会，她儿子的名字在差生的行列中总是被点到。然而，这次却出乎她的预料。直到结束，都没听到老师点自己儿子的名字，她有些不习惯。散会之后，她去问老师，老师告诉她："按你儿子现在的成绩，考重点高中有点危险，不过，考普通中学应该没有问题。"

母亲怀着欣喜的心情走出校门，此时她发现儿子在等她。路上她扶着儿子的肩膀，心里有一种说不出的欣慰。这一次，她告诉儿子："班主任对你非常满意，他说了，只要你努力，很有希望考上重点高中。"

后来，这个孩子果然考入重点高中。

高中毕业了。第一批大学录取通知书下达的日子，学校打电话，让她儿子到学校去一趟。她有一种预感，她儿子被清华大学录取了，因为在报考时，她跟儿子说过，她相信他能考取这所学校。

儿子从学校回来，把一封印有清华大学招生办公室的特快专递交到她手里，突然转身跑到自己房间里大哭起来。一边哭一边说："妈妈，我知道，我不是一个聪明的孩子，我能有今天，一直都是您……"孩子说不下去了，这时，母亲的心中悲喜交加，再也按捺不住十几年来凝聚在心中的泪水，任它尽情地流淌，打湿了手中的信封。

故事中的母亲是个优秀的母亲，她懂得如何让孩子一点一点进步，一点一点地超越自我。

其实，只要在孩子心中埋下希望的种子，他们的心灵就不会枯竭。有时候，一句鼓励的话可以改变一个孩子的命运；一句嘲笑的话可以毁灭一个孩子的未来。

因此，我们在生活中，一定要注意多多地鼓励孩子，培养他们的自信心，让他们有一个非常健康的身体一个稳定的情绪，这样，他们才能够更加努力地学习，我们才能够看到他们最为真诚的"回报"。

生活中这样，工作中更是这样。任何一个人，想要在职场上获得成功，都要学会努力拼搏，在一点一滴的进步中实现自己的人生价值。

5　没有卑微的工作只有卑微的人

对待工作的态度，看似是一件小事，但最终却发挥着很大的作用。一个人对待工作的态度会决定他最终的工作成果，并决定他能够在职场中取得怎样的成就。

很多人对待工作的态度往往来自于得到工作时的一闪念。如果觉得这份工作很好，就会觉得自豪；如果觉得这份工作不理想，在以后的工作中也很难充满激情、全力以赴地去做。所以关键是在得到工作的那一刻，头脑中闪现出积极的、美好的念头，这样有利于今后树立起远大的目标，才会有良好的工作态度。

如果你得到的工作并不理想，你是否会抱着一种卑微的心理对待它呢？

绝大多数人都是这么做的。一旦他们得到的工作普通平凡，收入微薄，地位不高，他们就会怨天尤人，认为自己太不幸了，是天底下最倒霉的人。

如果抱怨不能奏效——通常情况下，只会把事情弄得更糟——他们就产生卑微的想法，认为自己一辈子只能这样了，做着卑微的工作，过着卑微的生活，一辈子平平庸庸，永远都不会有改善的机会。如果你也这样想，那你的一辈子就真的只能这样了。

实际上，薪水、地位、头衔等表面上的东西，都不能表明这份工作是不是普通。事实上，这个世界上根本没有普通的工作，每一份工作都是伟大的，都是其他工作的有力支撑和保障。所以，不管你得到的工作表面上看起来多么平凡普通，它实际上都蕴涵着宝贵的财富。

要知道，许多伟大的人物也曾经自卑过，有许多举世闻名的伟人，也曾经是一个平凡普通的小人物。所以，不要轻视每一个人，也不要永远生活在自卑中。

有一天，一位父亲带着自己的儿子去参观著名画家梵高的故居。儿子在小屋中徘徊了几趟，在看过那张小木床及裂了口的皮鞋之后，儿子问父亲："爸爸，梵高不是一位百万富翁吗？怎么会住在这么贫穷的地方？"

父亲回答："梵高并不是什么百万富翁，他生前是一个连妻子都没有娶上的穷人。"

第二年，父亲又带儿子去了丹麦。在这座城市里，父亲领着儿子去了安徒生的故居。儿子站在安徒生生前住的阁楼里问父亲："爸爸，安徒生不是生活在皇宫里吗？怎么他生前会在这栋阁楼里？"

父亲抚摸着儿子的头，告诉他："安徒生是位鞋匠的儿子，他生活并不富裕，一直生活在这栋阁楼里。"

这位父亲是一名水手，他每年来往于大西洋的各个港口，他并没有多少钱，但总能给自己的儿子带来信心和希望，告诉他世界上许多新鲜的事和各式各样的人物传奇。他给儿子讲过许多名人的故事，告诉他那些名人曾经是怎样的平凡和普通，他们又是怎样的自强，从卑微中走了出来，成为了影响世界的著名人物。他的儿子叫伊东布拉格，是世界上第一位获普利策奖的黑人记者。

二十多年后，当伊东布拉格在回忆自己童年的时候，曾经深情地说："我小时候，家里除了很穷以外，还因为是黑人，被许多人看不起。我父亲是靠卖苦力为生的人，他一辈子没有享过什么福。因此，在很长一段时间里，我一直认为像我们这样地位卑微的黑人是不可能有什么出息的。后来，我父亲让我认识了梵高和安徒生，也是我父亲让我感到，黑人并不卑微，上帝并没有看轻黑人，只要通过自己的努力，任何人都有可能获得自己梦想中的成功！"

富人并不一定伟大，穷人也并不一定卑微。机会对每个人都是平等的，卑微者同样拥有机会。只要甩掉自卑的包袱，自信地走下去，你一定能够踏上自己的成功之路。

当你成功的那一天，不管你过去有着怎样的平凡与卑微，你也一样会得到别人的尊敬与赞美。而那些在你不得志的时候，说过你坏话的人，此时也一定会把那些坏话变成好话。

因此，我们要努力拼搏，奋斗不息，让自己的生命顽强地走出困境，走向成功。

人们之所以以卑微之心对待工作，是因为他们不知道再平凡普通的工作，只要用心去做，都能够从中学到宝贵的知识和经验，都能够成为向上发展的有力支点。他们不知道工作的真正意义，更不知道自己究竟在为了什么而工作。

很多人认为工作是为了获得报酬，另一些人则是为了混日子，只有很少一部分人在工作中获得了快乐、幸福和成长——他们对于工作所把持的态度则是用生命去做。

任何一个人都必须弄明白工作的目的是什么，否则，他就无法获得源源不断的工作热情和动力。

工作确实能够为我们换取生活资源，为我们打发掉无聊的日子，但更重要的是它就是我们生命的一部分，它所体现的就是我们人生的价值。如果一个人饱食终日却无所事事的话，他是不会获得快乐和幸福的。他的生命将被无聊、枯燥所充斥，他的人生也会如一潭死水，泛不起任何一丝波澜。

因此，不管你从事的什么工作，都不能因自己的工作而感到卑微。再平凡的工作也有出头之日，只要你付出足够的努力，一点一滴地提高自己，你迟早会有扬眉吐气的一天。

6　屡败屡战是顽强拼搏的表现

每个人在生活中都不可避免地会遭遇失败。在失败面前，不同的人会有截然不同的态度，你是屡战屡败，还是屡败屡战呢？

俗话说“失败乃成功之母”，只要在失败中不断学习，不断探索，才能走向成功。

有些人遇到失败的时候，就将它看成拿破仑遭遇滑铁卢，从此失去了勇气，一蹶不振。

其实，在勇者面前，没有什么滑铁卢。那些一心要取胜、立志要成功的具有拼搏精神的人即使失败，也不以一时失败为最后的结局，还会继续奋斗，在每次遭到失败后再重新站起，比以前更有决心地向前努力，不达目的绝不罢休。

那些意志不坚定的人，往往做任何事情都是徒劳无功；而那些意志坚定的人，在任何困难面前都会勇往直前。因此，在失败面前，我们要抱着积极的态度，用自己的坚强意志来克服一切困难和的挫折。只有这样，我们才能够获得成功。

大凡那些具有屡败屡战精神的人，不管他遭遇多少次失败，终究能获得成功。

很多年以前，一位国王带着自己的军队抵御邻国强敌的入侵，他被打败过许多次，每次都重整旗鼓，继续战斗。但是，在经过多次激烈交锋之后，他的军队溃散了，国王只好伪装成一个牧羊人逃进了森林。

饥饿疲惫的国王走进一个小树林，他快要饿晕了，正当他绝望的时候，忽然看到眼前有一间伐木人的小屋，便去敲开了小屋的房门，开门的是伐木人的太太。

国王向她乞求一些食物，并请求留宿一夜。经过一路逃亡，国王身上的衣服已经破烂不堪，因为他的外表太寒酸了，伐木人的太太并不知道他真正的身份，她对国王说："如果你能帮我看着这些放在炉子上的蛋糕，我就给你吃一顿晚饭，我要出去挤牛奶。小心看着蛋糕，在我出去的时候不要让蛋糕烤焦了。"

国王答应后靠着火炉坐了下来。他全神贯注地看着蛋糕，但没过多久，他的脑袋里就全是他的烦恼：怎样重整自己的军队，之后又怎样抵御敌人。他想得越多，就越觉得希望渺茫，甚至他开始觉得再继续奋战下去也是没用了。

过了不久，伐木人的太太回来了，她看到满屋子都是烟，蛋糕变成了烧焦的黑炭，而国王坐在火炉旁，出神地看着火焰，根本就没意识到蛋糕烤焦了。

伐木人的太太生气地喊道："你这个懒惰没有用的家伙，看看你做的好事，你让我们都没有晚饭吃了！"国王从思考中回过神儿来，只是惭愧地低着头。

刚好伐木人回来了，他认出了国王。他对太太说："你知道你骂的是谁吗？这是我们高贵的国王。"

他的太太吓坏了，她跑到国王的身前跪下，乞求国王的原谅。

国王请她站了起来，然后对他们夫妇说："你骂的没错，我说我会看好蛋糕，但却烤焦了，我被你骂是应该的。我虽然失败了，但不应该被失败击垮，我要继续战斗，将外敌赶出去。"那之后没几天，国王就重整他的军队，打败了敌人。

屡战屡败的国王拥有屡败屡战的精神，最终在多次失败后，终于一举成功。这个故事让人深思。我们在生活中遇到困难和失败的时候，也要坚持下去，屡败屡战，总有获得成功的那一天。历史上的许多伟人们都曾遭遇过失败，但他们能够屡败屡战。在失败面前，他们从来不抱怨，不发牢骚，只有拼命地努力。

然而，在现实生活中，许多人稍稍遇到点挫折，就会牢骚满腹，抱怨连连，这一点在职场上尤为明显。许多员工都喜欢抱怨公司，抱怨自己干得活多，挣得钱少。老板稍稍批评他几句，就对老板恨得要死。他们最喜欢说的一句话就是："我比别人强很多，但总没有一个发展的空间。"

这些人或许忽略了一种重要的问题，在他们抱怨的同时，许多人都在埋头努力着。过不了多长时间，这些喜欢抱怨的人将会成为被职场无情淘汰的出局者。

因此，我们在生活中，一定要战胜抱怨的情绪。只有这样，生活才会更洒脱，工作才会更顺利。一个优秀的人总是善于控制自己的不理智，很好地约束自己。在面对失败的时候，积极寻求解决的办法。这样的人，才是值得尊敬和学习的人。

7 在工作中永远牢记自己的责任

生活在这样一个高速发展的社会中，你也许会感到身心疲惫，也许会感到时常烦闷,但是仍然强撑着坚持工作。然而岁月是无情的,随着压力的增加,你会感觉到自己的精力越来越不如往日,所以,对待工作的责任感也在渐渐地消失。其实,这样做是对自己的放纵,也是对工作不负责的表现。人活在世上,就要懂得责任的重要性。既要对自己负责,同时更要对别人负责。一个有责任感的人,才能够让别人感到放心;一个有责任感的人,才能够够懂得时间的宝贵;一个有责任感的人,才能够给人以足够的安全感。而敢于负责,就意味着要勇敢地做批评与自我批评,在诱惑面前敢于说“不”,在利益面前懂得谦让,在危险面前敢于承担。

然而,能够承担自己的责任,却并不是一件容易的事情,它需要一个人拥有更大的胸怀和更清醒的头脑。这个世界上没有人是天生胸怀博大的,需要随着时间的推移,随着自我认知的不断深入,一点点地增加自己的责任感。因此,不能盲目的好高骛远,要学会脚踏实地,在一滴一滴中锻炼自己,完善自己,担负起自己应该承担的责任来,只有牢记自己责任的人才能创造出奇迹来。

许多成功的人都有一种深厚的责任感,但是,责任感真的能创造奇迹吗?能够创造出怎样的奇迹来呢?

几年前,美国著名心理学博士艾尔森对世界100名各个领域中杰出人士做了问卷调查,结果让他十分惊讶——其中61名杰出人士承认,他们所从事的职业,并不是他们内心最喜欢做的,至少不是他们心目中最理想的。

这些杰出人士,为什么能在并非自己喜欢的领域里取得了那样辉煌的业绩,除了聪颖和勤奋之外,究竟靠的是什么呢?

带着这样的疑问,艾尔森博士又走访了多位商界英才。其中纽约证券公司的金领丽人苏珊的经历,为他寻找满意的答案提供了有益的启示。

苏珊出身于中国台北的一个音乐世家,她从小就受到了很好的音乐启蒙教育,非常喜欢音乐,期望自己的一生能够驰骋在音乐的广阔天地，但她阴差阳错地考进了大学的工商管理系。

一向做事认真的苏珊，尽管不喜欢这一专业，可还是学得格外刻苦，每学期各科成绩均是优异。毕业时被保送到美国麻省理工学院，攻读当时许多学生望尘莫及的MBA，后来，她又以优异的成绩拿到了经济管理专业的博士学位。

如今她已是美国证券业界风云人物，在被调查时依然心存遗憾地说："老实说，至今为止，我仍不喜欢自己所从事的工作。如果能够让我重新选择，我会毫不犹豫地选择音乐。但我知道那只能是一个美好的'假如'了，我只能把手头的工作做好……"

艾尔森博士直截了当地问她："既然你不喜欢你的专业，为何你学得那么棒？既然不喜欢眼下的工作，为何你又做得那么优秀？"

苏珊的眼里闪着自信，十分明确地回答："因为我在那个位置上，那里有我应尽的职责，我必须认真对待。"

"我不管喜欢不喜欢，那都是我自己必须面对的，都没有理由草草应付，都必须尽心尽力，尽职尽责，那不仅是对工作负责，也是对自己负责。有责任感可以创造奇迹。"

艾尔森在以后的继续的走访中，许多的成功人士之所以能出类拔萃的反思，与苏珊的思考大致相同——因为种种原因，我们常常被安排到自己并不十分喜欢的领域，从事了并不十分理想的工作，一时又无法更改。这时，任何的抱怨、消极、懈怠，都是不足取的。唯有把那份工作当做一种不可推卸的责任担在肩头，全身心地投入其中，才是正确与明智的选择。正是在这种"在其位，谋其政，尽其责，成其事"的高度责任感的驱使下，他们才会在自己并不喜欢从事的行业中，取得令人瞩目的成功。

可见，牢记责任确实可以创造出奇迹，对于许多杰出的人士来说，只要具有高度的责任感和责任心，即使自己在并非最理想的工作岗位上，也能创造出非凡的奇迹出来。可见,责任的力量是无穷的,拥有了它,我们就拥有了一把开启成功之门的钥匙。

人生是一个不断变化、不断提高的过程。每个人都应该拥有强大的自信,敢于自我否定,敢于承担责任,让自己在不断地成长。这样,我们就能够用包容的心态,去对待自己身边的人,对待一切正在发生和即将发生的事。

正是因为如此,我们在工作中才要牢牢记住自己的责任。只有牢记责任并勇于承担责任的人,才能在职场上有所作为。

8 提高自身能力的五种“充电法”

学习应该是贯穿一个人一生的事情,对待学习的态度,决定了人一生的成败。

在职场上奋斗的人,他们的学习方于不同于那些在学校里读书的学生,他们缺少充裕的时间和宽敞明亮的学习环境以及专职的老师,所以,在这样的情况下,职场人的主动学习精神就显得非常重要了。

一名伐木工人在森林里砍树,为了把一棵树伐倒,他已经辛辛苦苦地干了5个小时,这时候,他已经筋疲力尽但树却没有被砍倒,因为他的斧子已经钝了。

一位旁观者建议他,“为什么不暂停几分钟,把斧子磨得更锋利些呢?”

伐木工人却回答:“我没空,没看见我忙成这样,砍树都顾不过来,哪有时间磨斧子!”

这个故事给了我们一个启示:在现代职场上,一个认识不到更新重要性的人,当然不会认识到,为适应新的形势,要不断地充实自己,才能给自己的职业生涯带来良好的发展,如果像那个伐木工人一样,只是埋头苦干，却不知道“磨刀”，这样做的结果一定会导致工作效率大大下降，这样的员工，将来也一定会遭到淘汰。

有的人认为，自己在本行业中，具有很深的资格，凭着自己的老经验完全可以应付。这样的人，即使你曾经为公司做出过巨大的贡献，资历很深，但是，随着社会的不断向前发展，一旦适应不了新的发展形势，也很容易被淘汰出局。

因此，不断学习，不断提高自己的综合能力，就显得非常必要了。人在职场，犹如人在江湖，很多时候是身不由己的，要想让自己在工作中不断进步，应该从以下几个方面为自己充电。

(1)学会在工作中学习

工作是任何职业人员的第一课堂，要想在当今竞争激烈的商业环境中胜出，就必须学习从工作中吸取经验，探寻智慧的启发以及有助于提升效率的资讯。

年轻的彼得·詹宁斯是美国ABC晚间新闻当红主播，他虽然连大学都没有毕业，就开始了工作，但是，他把工作当成了自己的课堂。

当他连续做了3年主播之后，毅然辞去了人人羡慕的主播职位，决定到新闻第一线锻炼自己，干起记者的工作。

他在美国国内报道了许多不同路线的新闻，并且成为美国电视网第一个常驻中东的特派员，后来他搬到伦敦，成为欧洲地区的特派员。经过这些锻炼之后，他又回到ABC主播台的位置。此时，他已由一个初出茅庐的年轻小伙子成长为一名成熟稳健又广受欢迎的新闻工作者。

在工作中，专业能力需要不断提升，只有不断学习，才能获得最新的知识，同时也可以避免因无知滋生出的骄傲自满。所以，不论是在职业生涯中的哪一个阶段，学习的脚步都不能停下来。只有把工作视为学习的课堂，才不会让自己在职场中落伍。

(2)努力争取培训的机会

多数公司都有自己的员工培训计划，培训的投资一般由公司作为人力资源开发的成本开支，而且企业培训的内容与工作紧密相关，所以争取成为企业的培训对象，是十分必要的。为此，你要了解企业的培训计划，如周期、人员数量、时间的长短，你要了解企业的培训对象有什么条件，是注重资历还是潜力，是关注现在还是关注未来。

如果你觉得自己完全符合条件，就应该主动向老板提出申请，表达渴望学习、积极进取的愿望。老板对于这样的员工是非常欢迎的，同时技能的增长也是你升迁的能力保障。

(3)主动进补抢先机

在公司不能满足你的培训要求时，也不要闲下来，哪怕是自掏腰包接受“再教育”，对你个人而言，也是非常必要的。

当然，学习内容的首选应是与工作密切相关的科目，其他还可以考虑一些热门的项目或自己感兴趣的科目，这类培训更多意义上被当做一种“补品”，在以后的职场中会增加你的“分量”。

随着知识、技能的折旧越来越快，不通过学习、培训进行更新，适应性自然越来越差，而老板又时刻把目光投向那些掌握新技能、能为公司提高竞争力的人。所以有专家说，未来的职场竞争将不再是知识与专业技能的竞争，而是学习能力的竞争，一个人如果善于学习，他的前途会一片光明。

(4)要学会有效地掌握时间

比如，有一个初涉职场的年轻女孩，她一天要接听、处理很多电话，客户的，上司的，还有其他人的，这些交错的人际关系搞得她焦头烂额，疲于应付，工作效率也极低。后来，有人教给她一个方法：实在紧急的就直接解决，如果不是那么紧急，可以先把问题记录下来，集中到某一时间再逐个解决。这样一来，女孩节省了不少时间，工作起来也更加得心应手。

(5)要善于表达自己的创意和想法

在工作完成向上级汇报的时候，记住要有自己的想法，如果自己是领导人，更应该学会做决定。那些事无巨细，样样汇报又唯唯诺诺、没有主见的人，是不会得到领导赏识的。一些小的细节和方面，要让领导知道这是为什么，而大的地方则让领导过目，征得他的同意后再实施。

以上这五点，对于我们提高自己的能力有很大的帮助和借鉴意义。

俗话说“学如逆水行舟，不进则退”，在工作中也是如此。如果我们不努力提高自己，就会在激烈的职场竞争中掉队，不能进步，就意味着退步，迟早会被别人超越。因此，要学会在工作中不断提高自己的能力，让自己变得越来越优秀。

第九章　停止抱怨，将工作实践进行到底

抱怨的人认为自己怀才不遇，社会太不公平，他们本来希望通过抱怨，获得别人的同情，反而会因此遭到别人的白眼，因为抱怨就像一种情绪的病毒，在你抱怨的同时，也会把坏情绪传染给别人。如果你希望自己成为一个受人欢迎的人，那么，从现在开始，停止抱怨吧，生活中不需要这样的“病毒”，我们需要的是信心、勇气、信仰和乐观面对一切的精神。

1　问题不会因为抱怨而解决

任何人在职场上遇到不公平的待遇的时候,情绪总会产生一些变化,或者会发牢骚,或者会发脾气。但是,不管你如何气愤,事情都不会因你的愤怒而改变。

大多数时候,牢骚和脾气只是一种发泄自己怨气的手段,久而久之,这些牢骚就会变成抱怨,抱怨如果得不到正确的处理,就会让自己感觉很委屈,进而影响到自己的工作和生活。其实,抱怨不但解决不了任何事情,还会让自己陷入苦恼的境地。

汤姆和约翰是两个同龄的年轻人,他们两个同时受雇于一家蔬菜零售店铺,并且拿同样的薪水。可是,过了一段时间以后,一名叫约翰的小伙子青云直上,不断加薪,而那个叫汤姆的却仍在原地踏步。

汤姆很不满意老板的不公正待遇,终于有一天他到老板那儿去发牢骚,把自己满腹的怨气全都发泄出来。

老板坐在椅子上,悠闲地眯着眼睛,一边耐心地听着他的抱怨,一边在心里盘算着怎样向他解释清楚他和约翰之间的差别。

当汤姆的抱怨告一段落之后,老板开口说话了,他说:“汤姆,你明天早上到集市上去一下,看看都有什么东西卖。”

第二天,汤姆从集市上回来向老板汇报说:“今早集市上只有一个农民拉了一车土豆在卖。”

“哦,那个车上有多少土豆?”老板饶有兴趣地追问。

汤姆赶快戴上帽子,又跑回到集市上,然后回来告诉老板说:“一共40袋土豆。”

老板又说:“价格是多少?”

汤姆吐了一下舌头,又第三次跑到集上问了土豆的价格。

当汤姆第三次气喘吁吁地跑来汇报时候，老板对他说："你已经很辛苦了，现在请你坐到这把椅子上一句话也不要说，请你看一下，针对同样一件事，别人是怎么做的。"

这时候，约翰也从集市上回来了，他向老板汇报说："到现在为止，集市上只有一个农民在卖土豆，一共40袋，价格是每公斤5美分，土豆的质量很不错。"同时，他还带回来一个土豆的样品让老板看看。同时，他不仅问了土豆的行情，而且还发现农民的车上还带了一些西红柿，因为昨天店里的西红柿卖得很快，库存已经不多了。他想这么好的西红柿，老板肯定要进一些货的，所以他不仅带回了一个西红柿做样品，而且把那个农民也带来了，他现在正在外面等回话呢。

此时，老板转向了汤姆说："你现在肯定知道为什么约翰的工资比你高了吧？"

听了老板这话，汤姆羞愧地低下了头，久久说不出一句话。

其实，领导交代的任何事，可以做好，也可以做坏；可以做成60分，也可以做成90分。只有主动工作的人，才会把工作做得尽善尽美。

主动的人实际完成的工作，往往比他原来承诺的要多，质量要高。无怪乎，主动的人不缺乏加薪和升迁的机会。之所以能够主动，是因为他们有一份强烈的责任感，懂得对自己的工作负责。所以，那些对工作认真负责的，总是能够获得更好的发展空间。而那些自己看不到自己缺点，却一直喋喋不休、抱怨不止的人，往往会沦为职场的失意者。

对于大多数企业来说，员工是他们最大的财富。如果一个企业中的员工对企业心存不满，那他们就不会努力工作。

反过来说，如果员工在企业中整天满腹牢骚，抱怨个不停，那他就很难得到更好的发展空间。因为对于任何人来说，抱怨解决不了任何问题，除了增加苦恼，没有一点其他的益处。

正是因为这样，我们要深刻地理解到这一点：抱怨解决不了任何问题。理解了这点，你就会在工作中减少抱怨，将抱怨的时间放在工作上，注意提高自己的工作业绩，为自己争取一个辉煌的未来。

2 走自己的路，也听别人怎么说

在文艺复兴时期，伟大的诗人但丁就曾经对世人说："走自己的路，让别人说去吧。"这句话直到今天，仍然是很多人生活中的座右铭。

在现实生活中，每个人都有两重属性，即自然属性和社会属性。所以，每一个人的周围都有无数的规则、制度、观念约束着他。在某种意义上，这对社会的发展和变革未尝不是一件好事。但具体到个人来讲，社会上的某些规则、制度、观念会常常使人陷入被动的境地。所以，人们都相信但丁的这句格言。

对待"是否听取别人意见"这个问题，我们要有一分为二的态度，既要坚持自己的方向，同时，也要多听取别人的意见，避免一意孤行。

但是，当别人的观念和言论成为套在你头上的"紧箍圈"时，你就会因此失去自己对事物的判断能力。如果处处用别人的意见来左右自己的行动，你就永远无法让自己真正地成熟起来。

比如说，你想追一位女生又不敢行动，因为害怕别人的闲言碎语；或者你想穿自己喜欢的衣服又不敢穿，因为害怕别人笑话你出风头。这种对别人的眼光极其敏感的人，实际上是一种内心胆怯、缺乏自信的人。在他们的心里，自卑感就像一个强大的牢笼，时时刻刻都在束缚着他们的手脚。

如果你渴望成功，你就要中道而行，对事物既有自己正确的判断力，又不要太在乎别人怎么说。所以，要活出真正潇洒的自我，努力实现自己的人生理想和追求。

李佳是一个刚从学校毕业的大学生，走出校门后不久，就很幸运地获得了第一份工作，在某餐饮公司当服务生。因为他在服务员里，学历最高，所以很受老板的青睐，两个月以后就被提拔为餐厅的主管，并且还被推荐参加了企业的内部培训，如果培训成绩合格，就会得到一个由企业出资、免费攻读MBA的难得机会。

可是，由于李佳从参加工作已经一直都很顺利，所以，滋生了一种浮躁、骄傲的心理，想问题比较偏激，做事也没有刚上班时那么认真了。

结果在半年之后，李佳没有通过考核，被降级为服务员，并且连考研资格也被取消了。

李佳的感觉到委屈、失望，情绪低落，觉得公司这样对自己很不公平。

这一次考评中，和他一起被降级的还有五个人，这五个人都是公司里很有资历的老员工，他们要李佳跟他们一起集体离职。李佳也心动了，答应了他们，准备集体辞职，其中有两个人当天就离职了。

可是当天晚上，李佳回到宿舍之后怎么也睡不着，他突然觉得自己应该好好想想，走到今天这一步，难道自己就没有应该检讨的地方吗？可是，当他想到公司给的降级处分之后，又觉得没有面子。

就在他左右为难、拿不定主意的时候，他给自己非常信任的一个老师发了一个短信，老师接到短信之后，把电话打过来，在电话里，老师告诉他，人要经得起失败的考验。再说，当一个问题出现的时候，首先要在自己身上找缺点，不能光是考虑别人对不起自己。

听了老师的建议，李佳觉得自己以前想事情和做事情的方式的确存在问题。于是，他很快调整了自己的心态，把之前的失望、低落、委屈等情绪统统赶走。

在接下来的时间里，他表现得很努力，并且还积极地学习服务技能。公司再次测评他的表现，并且还要测评他是否具有重新获得考研的资格。于是，故意在没有告诉他原因的情况下，通知他暂时不上岗。

李佳对于这样的安排并没有抱怨，反而主动做事。他暂时没有工作可做，就到培训部帮忙，将培训部所有老师的教案都整改了一遍，还帮助老师编写教材，并且利用假期，为大家组织精彩的篮球赛。因为表现出色，他最终获得了自己最喜欢的职位——企管中心主管，并且重新获得了考研资格。六个被降级的人当中，李佳是唯一一个留下来的人。

这个故事告诉我们：我们要学会做自己的主宰者，能够主宰自己的命运；做生活中的智者，能够看清生活的方向；做人生旅途的设计者，能够在千万条道路中走出属于自己的一条。

当然，如果你只是闷头走自己的路，而对周围的意见一概视而不见的话，就会有脱离群众的危险。

一个人生活在纷繁复杂的社会中，能够排除别人的干扰，不瞻前顾后，坚持走自己所选择的道路，确实让人敬佩。

从这个角度上讲，“走自己的路，让别人说去吧”，这种勇气的确值得提倡。但是，当自己无法做出正确的判断时，多听听别人的意见，也是非常必要的。

俗话说“三个臭皮匠，顶个诸葛亮”，一个人不管多么聪明，对问题的看法也不可能面面俱到，即使对问题的看法非常正确，但是，在实战的过程中，也未必能做到无懈可击。而其他人的意见，恰好能够弥补这些不足。

古人云：“智者千虑，必有一失；愚者千虑，必有一得。”不能随随便便地认为某某人蠢笨，不会想出什么妙招，并因此而瞧不起他人。其实，任何人都有自己思维独到之处。无论你本身多么伟大，多么不寻常，也应该注意听听别人的意见。

因为，别人的意见也是一笔财富，它能使我们集思广益，抛弃那些带有局限性的想法，不断地校正自己前进的方向，避免因意气用事而走弯路。听取别人的意见，也表明对他人的尊重，有利于维护朋友之间亲密的关系，使自己获得一个好人缘。

在生活中，我们要把别人的意见当成一面镜子，不断对照检查自己的言行，有则改之，无则加勉。这样，我们才能走出一条真正属于是自己的成功之路。

3　将暂时不能解决的问题搁置起来

我们常常听到这样的抱怨："世界真不公平，干活的还不如不干的呢！"

我们也常常在现实中遇见类似的事情，一直忙碌着的人反而遭到斥责，而什么都没做的人，安心地在一边休息。

在这样的事情中，并不是所有的都是不公平。那些觉得不公平的人用时间和付出来衡量结果，认为自己付出了、努力了，就应该得到回报。

但实际上，一件工作的评定，并不是仅仅是按照付出和努力，最重要的依据，是做事的质量和结果。很多时候，那些一直忙碌却没有得到表扬的人，做事的结果和质量往往很差，他们的确是在努力，但付出的都是没有意义的努力，甚至是反方向的努力。

解决问题需要有一个好心态，需要平静地去做，消除无谓的紧张和压力。如果被动地、勉为其难地去解决问题，实际上内心深处并不相信自己能解决它们，那就很难有足够的决心坚持到底。没过多久，就又会回到抱怨、推诿的老路上去。

比如发这些牢骚："我怎么会碰到这么倒霉的事？"

"为什么他们要为难我？"

"为什么不多给我一些时间？"

"为什么不多指导我？"

"营销部为什么不给我们更多的支持？"

所以，只有好心态才能引领你真正地解决问题，这个心态就是面对问题时要放松，然后欣然迎接挑战。

面对创业的艰辛，没有回报的付出，资金的亏损，与其每天唉声叹气，抱怨命运不给自己机会，将时间和精力浪费在苦恼、沮丧和一条不可能走下去的路上，还不如重整旗鼓，另辟蹊径，去实现人生的第二次、第三次、第N次创业；面对昔日所谓知己的背叛，与其抱怨世风日下，人心不古，还不如向那些负面的事件永远告别，重新寻觅知己。

现实生活中，正是因为我们握住了太多没有用的东西，而与那些原本值得珍惜的东西失之交臂。

所以，当你没有想清楚的时候，要学会搁置问题，养精蓄锐。没有想清楚时候的行动，甚至有可能走向任务的反面，做的事情越多，造成的损害也就越大。

就算你是朝着正确的方向，因为没有周密的计划，合理的设计，走了弯路，浪费了时间，你自己辛苦，效果也不好。

搁置问题，不是什么都不做，而是一种默默的积累，砍柴前的磨刀。这个时候，你应该像卧薪尝胆的勾践一样，静下心来，安安稳稳地思考你的任务。

当然，最重要的是，想清楚你没有弄清楚的东西，当然也不能忘了想一想，怎么才能最有效率地完成工作。当然，一个人想不清楚的时候，不妨向一些有经验的同事或者朋友寻求帮助，三个臭皮匠，顶个诸葛亮，讨论的过程中，有可能你灵机一现，豁然开朗，解决了问题。

暂时搁置工作，看上去好像是一种懦夫的做法，但其实，这并不是一种逃避，也不是一种懒惰，而是为了最大限度地利用时间，尽自己所能最高效地完成工作。你必须记住，有一种战术，叫做以退为进。

学习暂时搁置问题，你可以尝试下面几种方法。

(1)暂时放手

当遇到一些难以解决的问题的时候，有些人往往喜欢钻牛角尖，结果不知不觉走进了死胡同。其实，当你对这些难题暂时地放手，把它们搁置到一旁去做其他事情的时候，你会发现，不知不觉中你会找到好的对策，这是因为放手之后你的头脑就会更加清醒。

(2)换个角度思考

不要总是从一个角度思考问题，尝试一下逆向思维或者发散思维方式，甚至可以通过征求别人的意见来启发自己的灵感。很多时候，别人不经意的一句话就会使你恍然大悟，将久久不能攻克的难题解决。

(3)潜意识思考

不急于解决问题，而是把问题放在潜意识里，大脑中总是存在着这个问题，却不为它绞尽脑汁，做其他事情的时候，偶尔想一想，这样，在不经意间你就可能找到问题的解决方法，万有引力不就是这样被牛顿发现的吗？

要知道，把暂时无法解决的问题搁置起来，是一种策略，在没有把问题想清楚之前，做了不如不做。但是一旦发现解决问题的办法，就要立刻着手解决。暂时地搁置问题不仅对问题的解决有帮助，还能够放松紧张的神经，有利于身体健康。

4 学会向别人说“不”

帮助别人是很多人的信条，因为帮助别人不仅是一种很好的社交方式，使你得到良好的声誉，同时也是一种投资，因为今天你帮助了别人，别人欠了你的人情，总会在你需要的时候来帮助你。但是，在很多情况之下，你需要对求助的人说“不”：当你的同学要求你协助他考试作弊的时候，当你的朋友请求你去做一些你不喜欢做的事情的时候，当你自己力不从心的时候，你都可以说“不”。

说“不”，不仅仅是一种对事情的理性判断，更需要很强的能力和艺术性，这需要你准确的判断能力和委婉的表达技巧。在有些时候，你需要委婉地拒绝。

因为你答应帮助别人,可是又帮不好,不仅会使自己信誉受损,有时甚至会让对方产生受骗的感觉。但表达要委婉,尽量不要让你的拒绝伤害到别人的心灵。

当然,拒绝朋友也要讲艺术。要告诉对方你的理由,真诚、明确地把你的难处和苦衷告诉朋友。拒绝时要干脆明了,不要磨磨蹭蹭,犹豫不决,更不要模棱两可,拐弯抹角。

老张是个"老好人",谁家有什么急事,他总能热情相助,从不说"不",可最近却为一事犯难:乡下亲戚进城做生意缺钱,老张帮他到银行贷了款。但这个亲戚生意没做好,银行贷款无法及时还上,因为老张是担保人,银行只能扣了老张的钱。他白天去找亲戚讨钱,结果钱没有讨到,还吃了闭门羹,晚上回来还得听老伴的抱怨。

碍于情面,不会说"不",让老张处于难以自拔的尴尬境地,而强强则走上了歧途。但是,追寻最初的起因,很多后来的麻烦,都是在关键时刻拉不下情面,不知道或者不会说一声"不"造成的,这乃是人际交往中的一种误区。

"是"和"不",虽然只是简单的两个字,但却表明了肯定和否定两种截然不同的观点。

古希腊哲学家华达哥拉斯说过:说"好"或"不",都需要做最慎重的考虑。当你经过认真考虑,认为此事不妥时,不妨大大方方地说声"不",否则会使自己陷入被动局面,于人于己都是不利的。

心理学家认为,不会说"不",这是人际交往中心理脆弱的表现。这些人在拒绝别人方面存在心理障碍。他们担心拒绝了朋友会伤害对方,失去友谊。所以,总是委屈自己,成全别人。这对他们的心理施加了不必要的压力,严重者还可演变成精神疾病。

那么,该如何拒绝朋友而又不影响友谊呢?

首先是调整心态。很多人不好意思拒绝别人,和自身的性格和心态有关。他们以为这次拒绝了朋友,下次自己有事就不好向朋友开口了。

同时，他们过分在意别人对自己的评价，总想给朋友留下好的印象。实际上，真正的友情不会因为你的一次拒绝就破裂。所以要调整好自己的心态，该拒绝就拒绝。要知道，真正的朋友是相互坦诚的，绝不会强人所难。所以，这种担心和顾虑是多余的。

拒绝朋友也要讲艺术。要告诉对方你的理由，真诚、明确地把你的难处和苦衷告诉朋友。拒绝时要干脆明了，不要磨磨蹭蹭，犹豫不决，更不要模棱两可，拐弯抹角。不要使用让对方还抱一线希望的词语，如"让我试试"、"我再想想办法"等。

否则，对方会误认为你已答应了，反而误事。简而言之，拒绝要果断、明确，避免不必要的误解，还要注意说话的语气一定要委婉、巧妙。

学会拒绝可以减少许多心理上的压力，在人际交往中争取到主动权。这既能让你享受到友情的温暖，又不会在大是大非的问题上失去立场。

5　不断改变自己，拥有成功者心态

人生是由一连串的改变所组成，当你的环境、教育、经验、获取的资讯、想象产生变化，你的各个生理与心理的关卡，多多少少都会产生不同程度上的变化。

改变就是机遇，只要你妥善因势利导，就会是好的机会与开始。而且，唯有良好的自我改变，才是改变事情、改变现状，甚至改变环境的基础。与其等待成功的降临，不如从自我改变开始！改变自己，是通向成功的一条捷径。

(1)全面改变自己

每个人都有着无限的潜能急待开发，只可惜，我们往往限制了自己的思想。科技进步速度快得惊人，相对也促使了各方面的发展。如果你仍一味地沿用旧的思想、旧的做法去运作自己，可能会被很快淘汰。所以，千万不要当个死硬派，很多不该再坚持的观念，何苦死抓不放。接受新思想,摒弃不合时宜的旧观念.会成为你改造自己、扩大格局的起点。

成事在人,你要接受自己思想的控制,做自己的主人。因此,要在思想不断自我更新,不要外表年轻,内心老化。反之,外表虽然老成持重,但内心却充满活力,难道不是一件令人兴奋的事吗?

有活力、有创造欲的人,在生活中喜欢独树一帜,别人也许会因此而批评你,对你有成见,但是,如果你能坚持正确的人生观,就可以不必理睬别人的说三道四。

要想在这个世界上有所作为,自己先要与众不同,做一些非凡的事,别管他人怎么想。但是,这里有一个大前提,那就是,你必须确认,自己的行为是正确的,对社会有益的。

(2)使自己与众不同

好好想一想,你的生活是不是毫无激情,事事效法他人?如果你无论做什么,总要参照别人的标准生活,考虑是否会被每一个人接纳,你就会让自己处处受困。

换句话说,如果你想让自己的生活变得多彩多姿、洋溢趣味,就必须改造你的世界。如果你在生活中时常感到烦恼,那是因为你自己已经邀请烦恼在你的心中定居了。要克服厌烦,最好的办法就是消灭它。记住,唯有你自己能够扭转这种境况,只有你自己才有能力,把自己的生活变得令人振奋,每天都有不同的惊喜。

(3)做个成功者

当别人间到查尔斯·狄更斯成功的秘诀时,他说:“我这一生不管做什么,都是尽力而为。”这就是成功者和失败者的不同之处。

失败者做别人要求他们做的事,或者做得比别人要求的还少;但成功者总是做得比别人要求的还多,他们用热情做事。

失败者总想寻找捷径,而成功者则以达到目标为信念,卷起袖子来努力迎接挑战。

失败者认为他在做一件工作,成功者则认为自己是人类的一部分,而工作是他们对一个美好世界的贡献。

英国伟大戏剧家萧伯纳说:“我相信我的生命属于全人类,去做任何我能做的事是我的特权,我工作得愈辛苦,活得愈有劲。我为生命本身欢呼。生命对我而言,不是一根短暂的蜡烛,而是一支壮观的火炬,我可以持着它,但我要在交给下一代之前,让它大放光明。”这是一种多么崇高的人生态度啊!你可以想象,具有这种精神的人,他们的生活怎么会变得无聊?他们的工作怎么会沉闷?

生活在多数情况下就像打仗一样,如果不费吹灰之力便赢得,它便像打了一场没有荣誉的仗。没有困难,就没有成功;没有奋斗,就没有成就。困难只能吓倒懦弱的人,对那些有信心、有勇气的人来说,他们是非常欢迎挑战的,因为在他们的眼里,每一次挑战都充满了成功的机会。

6 让自己从坏情绪中走出来

人生道路不可能风平浪静,喜怒哀乐的事时有发生,一个人如果不学会对情绪的自我调节,往往在高兴的时候容易冲动,在愤怒的时候容易失去理智,在悲痛的时候会伤害身体。魏征在《谏太宗十思疏》里规劝唐太宗:不要因为自己一时高兴,随便奖赏下臣;也不要因为自己一时之怒,对人滥用刑罚。

从魏征的建议中,我们可以看出,对任何人来说,控制激动情绪是非常重要的。任何喜事,只是代表某一方面或某一阶段的成功。如果把这一阶段的成功当成资本,认为可以无限期地吃老本,这样的成功也就成了一种沉重的思想包袱,让人不求上进,不考虑下一步的打算,乐极便可能生悲。

“塞翁失马,焉知非福”的故事,形象地说明了福祸是非的转化情况。遇有喜事,也要冷静,要做全盘考虑,做好下一步的打算,这样才能常乐而少悲。

考上了大学,不用说是一大喜事,但沉湎于自我陶醉之中,不思今后的努力，就可能走入歧途。遇有成功之事，不要看得太重，要像有一千多项发明的爱迪生一样，把每一项发明当做一个新起点，对自己提出新要求，这样才能使自己更上一层楼。

人若愤怒，容易冲动，做出蠢事，后悔莫及。所以在怒气旺盛之际，尽量不要表态，少行动，多听些不同意见，还可以设身处地考虑对方的想法和处境。如果知道自己容易激动，可采用自我告诫的办法，像林则徐那样，自己书写一张“制怒”条幅张贴在醒目之处，不时地告诫自己。

当人陷入悲伤的情绪不能自拔的时候，转移注意力是很有效的方法。

美国的道格拉斯，失去了五岁的女儿之后，刚刚出生的小女儿也夭折了，他唯一的安慰就是只有四岁的儿子。这一天，儿子要求父亲替他做一艘玩具小船，他没有理由拒绝儿子，就花了三个多小时，替儿子做好一艘玩具船。这时候，他意外地发现，在这几个小时中，自己的心情从来没有这样平静过。原来一个人不可能同时考虑两件事，做玩具时他的注意力被转移了。

所以对一些有伤感情绪的人，最好不要让他闲着，换换环境，钓鱼、打球、骑马、拍照，参加公益劳动。离开给自己造成悲伤的环境，能够帮助他快速地从悲伤的情绪中解脱出来，避免触景生情，睹物思人。

对坏脾气的改造，则需要循循渐进，通过不断约束自己的内心，从而达到这样的目的。

一个小男孩，脾气很暴躁，不能够控制自己的情绪，每天总是大发脾气，不是和班里的同学吵架，就是和邻居的孩子们打得不可开交，而且他还几次和老师、自己的妈妈、外祖父母顶嘴、大声争辩。

父亲为了改变他这种情况，一天拿过一大把铁钉和一把小锤子对他说，杰克，你以后想要发怒的时候就跑到门口的那根粗木桩那里，用这把锤子狠命地砸进去一颗钉子，想发怒一次就钉一颗钉子。

小男孩很高兴地接过了钉子和锤子，于是每当他想发怒的时候就跑到家门口的木桩那里，狠命地砸进去一颗铁钉，最多的一天他甚至向木桩里钉进去100颗钉子。每当他没有了钉子就找父亲要，父亲很爽快地就给他了。慢慢地，小男孩对钉钉子感到非常厌烦了。

过了一段日子，有一天，父亲对他说道，杰克，每当你感到心情不错时就从木桩上取下一颗钉子吧！听完了父亲的话，小男孩就走到木桩那儿取下了一颗钉子，他发现，取出钉子要比钉钉子难多了。

可从那一天开始，小男孩每天往大木桩上钉的钉子越来越少了，而取出的钉子越来越多了。终于有一天，他不再向木桩上钉钉子了。那天，父亲亲切地表扬了他，小男孩心里喜滋滋的。

直到有一天，小男孩把所有的钉子都取出来了。父亲带他来到那根大木桩跟前，对小男孩说道，你知道取钉子为什么比钉钉子难吗？这是因为责备辱骂一个人是一件很简单的事，可想要重新获得友谊却很难。你再看看这根木桩，虽然你把所有的钉子都取了出来，可你钉钉子留下的伤痕却永远去不掉了，不要轻易地伤害你的亲人朋友，因为这种伤害即使再怎么弥补，不论再过多少年，它的伤痕永远也去不掉。

钉子钉在木板上可以再拔出来，而出口伤人的话却无法再收回来。钉子上的伤痕可以被技艺高超的木匠修补好，而心中的伤痕却是很难再抚平了。因此，要学会控制好自己的情绪，不要轻易让别人伤心。

因为，当你伤害了别人，不管你日后如何道歉，对方的心也永远难以释怀了。正如钉在木板上的钉子，即使你再轻轻地把它取出来，留在木板上的痕迹却是永远也擦不掉的了。

当你情绪激动的时候，不要只顾眼前，不要只图痛快，不要只想自己，而是要着眼于未来，预想将来的后果，虑及他人，这样或许有利于抑制自己激动的情绪。也只有这样，你才能够从坏情绪中走出来，让自己的心情变得开朗起来。

7　与其消极抱怨，不如积极创新

创新是一种精神，是一个国家和民族持续发展的源泉和动力。创新，是将责任、勇气、方法、态度、精神熔于一炉的实践，是许多企业求得生存和发展的制胜法宝。所谓创新，就是在某一领域既能够继承前人，又不因循守旧；既能够借鉴别人，又有所独创；既努力做到观察形势有新视角，又有推进工作的新思路，解决问题有新办法，使各项工作体现时代性，把握规律性，富于创造性。

勇于实践是创新的前提和基础，离开实践，创新便成了无本之木，无源之水。经验告诉我们，创新应该一切从实际出发，以我国的改革开放和现代化建设为中心，着眼于马克思主义理论的运用，敢于摒弃不合时宜的认识、观念、做法，形成切合实际的路线、方针、政策，发展我们的事业。

中国有句格言：常有所疑——是创新的发轫之始，勇于破疑——是创新的动力源泉。鲁迅先生曾说过，第一个吃螃蟹的人很令人佩服。第一个吃螃蟹的人，除了英勇无畏，首先是一个长于质疑的发现者。

大量事实表明：从常见的、普遍的、重复出现的现象中发现规律性的东西，这是一个重要的方法；其中勇于质疑、善于发现，则是不断创新、有所创造的源泉。

著名作家王蒙说过："学习是一个人的真正看家本领，第一长处，第一智慧，第一本源，其他一切都是学习的结果、学习的恩泽。"

由此可见，创新也是学习的恩泽。无论是一个国家，还是一个企业或个人，要进步，要发展，都要有一股推动其不断向上的动力，使人们能够产生强烈的求知欲和创造力，由此推动人们自强不息，努力奋斗。这个动力的形成，正是基于勤奋学习和知识累积。人们越是学习，未知的世界越大，人们也就越感到自身知识的缺乏；而越不断学习积累，越能不断有所创造。

创新，需要谦虚的态度和坚韧的精神。有人说，谦逊是一种坦然面对成就和荣誉的精神境界，是一种求真务实、甘当学生的思想品格。

时代在发展，社会在进步。在全面建设小康社会的伟大实践中，我们更需要坚持马克思主义与时俱进的理论品质，自觉地把创新作为一种不懈的追求，始终保持一股闯劲、冲劲、韧劲，以“长风破浪会有时，直挂云帆济沧海”的宽广胸怀与气度，开拓创新。

近些年来，人们在创新的手法上也是层出不穷，从“自助水站”与桶装纯净水抢生意，到玩具出租燃起星星之火，我们无不可以嗅出做生意的“创新”味道。

无论“自助水站”和玩具出租，这些创新举措的前景如何，至少这种创新的思维火化值得学习，若想在激烈的市场竞争中淘到金子，创新是必不可少的。

其实，我们可以剖析一下这两种经营方式究竟新在何处，“自助水站”的特点在于方便、省钱，投硬币就可以取水，且无时间、空间限制，想什么时候取，就什么时候取，还可以避免桶装水开封后，长时间喝不完，容易滋生细菌的弊端；而玩具出租则迎合了孩子贪新忘旧的爱好，家长花的钱不多，但却可以让孩子玩更多的玩具。

我们都知道，温州人是中国经商较为成功的典范，而他们之所以能赚钱，就在于其“温州人精神”。

“温州人精神”中有一条重要的经验，那就是敢于创新、善于创新的精神。一些人不敢做的事，温州人却敢做，因为他们对市场的“嗅觉”往往比人家灵。

温州人敢闯敢试，敢做第一个吃螃蟹的人，由此创造了市场经济的奇迹，从一个侧面凸现了温州人敢为人先的精神。

当然，创新也不是随随便便的事，我们也不鼓励普通人绞尽脑汁去找些“人无我有”的事来做，否则，哪有那么多“人无我有”的生意？

其实，创新是体现在方方面面的，有新的生意种类，也有新的生意手法，即使在做同一种生意，只要你能开启思路，有所创新，你就能超过别人，比如从服务上创新、从宣传手法上创新、从店铺的特色上创新，都会给人眼前一亮的感觉。反之，如果墨守成规或一味模仿他人，最终会遭到失败。

只有拥有一股创新精神，我们才能取得一流的工作业绩，在伟大实践中不断有所发明、有所发现、有所创造、有所前进。

8 懂得赞美别人，像智者一样思考

每一个人的内心都渴望得到别人的肯定和尊重。此时，你的赞美正好能够要对方得到满足。同时，你的赞美同样也是对方自我价值实现的一种方式。任何人都不会抱怨别人对自己赞美得多，所以在人际交往中，不要吝啬赞美之词。

小孩子喜欢别人赞美自己聪明伶俐，中年人喜欢别人赞美自己成熟稳重，老年人喜欢别人赞美自己身子骨硬朗。诗人喜欢别人赞美自己的才华，科学家喜欢别人称赞自己知识渊博和精深，歌手喜欢别人说自己歌声优美，演员喜欢别人称赞自己的演技高超……所以，赞美是每个人生活中都必备的一种社交技能，它不仅能使你轻松地处于有利地位，甚至还有化腐朽为神奇的神奇功效。

古时候，有一位王爷，他手下有个名厨师，他的拿手菜是烤鸭，这道菜深受王府里的人喜爱，尤其是王爷，对这道菜更是格外喜好。不过这个王爷从来没有给予过厨师任何鼓励，使得厨师整天闷闷不乐。

有一天，王爷有客从远方来，在家设宴招待贵宾，点了几道菜，其中有一道是王爷最爱吃的烤鸭。厨师奉命行事，然而，当王爷挟了一只鸭腿给客人时，却找不到另一条鸭腿，他便问身后的厨师说："另一条鸭腿到哪里去了？"

厨师说："禀告王爷，我们府里的鸭子都只有一条腿！"王爷感到十分诧异，但碍于客人在场，不便问个究竟。饭后，王爷便跟着厨师到鸭笼去查个究竟。

时值夜晚，鸭子正在睡觉，每只鸭子都只露出一条腿。

厨师指着鸭子说：“王爷你看，我们府里的鸭子全都只有一条腿吧！”

王爷听后，便大声拍手，鸭子当场被惊醒，都站了起来。王爷说：“鸭子不全是两条腿吗？”

厨师说：“是的，但是它需要给点掌声！鸭子只有在别人为它鼓掌的时候，才会变成两条腿！”

要想使员工在职场中能够保持施展才华的最好状态，表扬和鼓励是有效的方法之一，没有什么比别人的赞美更能激发人们的积极性了。

生活中，人人都有棋高一招的时候，寻找别人的长处，并加以褒扬，这并不是一件困难的事。

懂得怎样欣赏他人不仅非常有用，而且能获得他人的尊重，从而提高自己的威望。因为赞美是把自己的谦恭展现给他人的一种礼貌的方式，聪明的人都明白这个道理，他们总能够在合适的场合自如地运用赞美的技能，从而提高自己的威望，建立良好的人际关系，这正是他们的聪明之处。

而愚蠢的人则反其道而行之，他们总是貌似聪明地找出别人的缺点来加以批评，而对别人的优点视若无睹，或者总是当众找出不在场的人的缺点加以嘲讽来取悦在场的人。

喜欢用第三者的缺点来取悦于人的行为是非常愚蠢的，这相当于一个很小的圈子里搬弄是非。热衷于这样做的人，最能暴露自己性格中的缺点，这样的人，在职场中，永远不会得到别人真正的尊重和友谊。

如果你希望自己成为一个职场中智者，首先要像智者那样思考问题，懂得和遵守人际交往的法则，也要学会欣赏别人。一个人一生中要交很多朋友，要与无数的人打交道，在交往中最重要的法则，那就是善于打开每一个人的心中的那扇门。而打开这扇心门的钥匙就是合适而灵活的赞美。

请记住这样一条原则：幸福美好的人生，从真心赞美别人开始。

第十章　在团队中脱颖而出的秘密

人在职场，凭什么本领才能笑傲“江湖”，立于不败之地？我们为您找到了这一武林秘笈：那就是有效的沟通能力、卓越的执行能力、不断丰富自己的学习能力、尊收公司制度的自律能力、在职场中卓尔不群的影响力，增强团队团结的凝聚力……

1 有效沟通才能创造佳绩

沟通是人际关系中最重要的内容，人的想法、观念、安慰、鼓励、信任，无不需要通过沟通表现出来，如何让对方与你互相接受，真实反映各自的感受，达到妥协或一致的目的，这就是沟通的艺术。有效沟通的技巧就是十六个字：以善待人，以情感人，以理服人，以利动人。

有效沟通是企业经营管理和个人在社会生活中，经常遇到的基本问题。俗话说，“通则不痛，痛则不通”，如果用到沟通上绝对不无道理。要取得有效的沟通，需要一定的语言技巧，如果不注意方法的运用，不但达不到好的效果，还会浪费宝贵的时间。

2001年在济南一家杀菌防臭保健鞋正在专营店搞促销活动。

消费者问：“你们的产品真的像广告上说的那样好吗？”

一位导购人员立即答道：“您试过之后，会发现比广告上说的更好。”

消费者又问：“如果买回去，用过以后感觉不那么好怎么办？”

另一位导购人员笑着说：“不，我们相信您的感觉。”

导购人员幽默而机智的语言说服了消费者，所以，这次促销活动获得很大成功，不仅产品销量超过往次，更重要的是产品品牌的知名度大大提高。

语言是一种交际工具。人们正是通过语言进行感情和思想交流，才保持了和谐的关系。对于职场中的人来说，语言是与客户沟通的媒介，一切营销活动首先是通过语言建立起最初的联系，从而使营销活动不断进展，最终达到购买目的。

所以，语言交流是导购活动的开端，这个头开得好不好，直接关系到营销的成败。一般说来，话说得恰到好处，就会把与客户的距离拉近，生意就可能做成。

一家开在武汉的皮鞋专营店一次接待一位北京来的顾客，对方一开口，这位导购人员马上说："听口音您是北京人。"客人点点头，问道："您也是北京人？"

这位导购人员笑着回答："不，但我对北京很有感情，一听到北京口音就感到非常亲切。"

客人非常开心，一次购买了10双皮鞋。如果话说得不得体，甚至让人不好接受，刚一接触印象就不好，自然也谈不到洽谈生意了。

由于职业的关系，说话要注意掌握好分寸，说什么话，什么时间说，怎么说，不同于日常生活的语言交流，要有职业特点。

营销人员在运用语言上，应该注意简洁，以简单明了的语言把尽可能多的信息传递给客户。突出要点，让对方能够听懂记住。如果说话颠三倒四，反反复复，言之无物，不仅抓不住重点，还会占用更多的时间，引起对方反感。用简单易懂的语言沟通要掌握下面这些技巧。

(1)少用长句，尽量使用简短的句子

频繁使用长句不仅不利于别人集中精力听你说话，还会影响别人对你表达意思的理解，简短的句子方便别人和你进行交流和沟通。

(2)能用肯定句，尽量不要用否定句

"不"、"不是"、"没有"等直接否定的词语，会使别人产生绝望，同样的意思如果换一种表达方式，也许更有效，比如这样说："这件事如果这样继续下去，对我们的工程的进展帮助不大。"虽然也是否定的意思，但是让人听起来比较舒服。

(3)尽量使用主动语态，不用被动语态

被动语态的使用会使听众对说话者的本意理解比较困难，讨论的对象难以辨认。现在大多数人都没有足够的时间和耐性去仔细聆听，说话的人应该考虑到对方的感受，尽量保证其能够快速正确地听懂你的话。

虽然在职场中，有效的沟通必不可少，但是，必须记住一点，空谈始终是空的，它不会有所成果，只会浪费时间，延误机遇。

不要把过多的时间浪费在空谈上，只有少说多做，才能更好地利用时间完成更多有价值的事情。

2　打造一流执行力，将事情做到位

在现代的职场上，我们上班不管自己做什么，只管听从老板的要求，属于典型的只管接受指令却不顾结果的人。这类人整天得过且过、应付了事，将把事情做得“差不多”作为自己的最高准则。他们在工作的时候，能拖就拖，还粗心大意，马马虎虎，这些都是做事不到位的具体表现。

任何一个职场中人，都要能够在自己的工作岗位上独当一面，应把自己分内的事做到位，让领导放心，对单位有所贡献，或是有所建树。这样，才能够得到领导和同事的认可，才能够把事做好。

在工作中，你可能感觉自己做的事情与别人差不多，做得差不多就已经够了。但是，你的上司一定对你的表现心中有数，你会因此而失去升职的机会。

很多人之所以做事做得不到位，其最主要的原因是因为他们常常会完成事情的百分之八十，而忽略了剩下的百分之二十，可恰恰是这最后的百分之二十，却是关键的关键。它之所以关键，是因为正是要完成这最后的百分之二十，你的成果才会显现出来，少一点都不可以。

什么事情都要做到位，是一种对待工作态度严谨的体现，对自己的工作不要敷衍，要认真去做，并尽自己最大的努力把它做好。

做工作不难，难的是把自己所做的工作做好，做到位，用自己的全部精力把它做到最完美。有些人看似一天到晚都在忙碌，似乎有做不完的事，却忙碌而无效。

只管做事情，不管好不好，这对任何一家公司都是不允许的。要想从“做事”到“做成事”，首先要有一个明确的目标，能够按照目标，一丝不苟地把事情做到底。

职场上，许多关键性的大事情，都是由许多细小的事情、许多琐碎的事情堆积而成，没有小事的累积，也就成就不了大事。

把小事做到位，大事自然就做好了。在职场中拼搏的人们，一定要将“把事情做到位”当成一种习惯，当成自己的一种生活态度，如果能够这样，我们就能够与成功同行，与优秀同在。

每个人都有自己的工作职责，每个人都有自己的工作标准。社会上由于你所在的位置不同，职责也有所差异。但是，不同的位置对每个人却有一个最起码的做事要求，那就是做事做到位。

做事做到位，是每个员工最基本的工作标准，也是一个人做人的最基本的要求。只有把事情做到位了，你才能提高自己的工作效率，才能因此而获得更多的发展机会。

各行各业，都需要那些能够把事情做到位的员工。如果你能够尽自己的最大努力，尽力去完成你应该做的事情，那么总有一天，你能够随心所欲从事自己想要做的事情。反之，如果你第一天不管做什么事情都得过且过，从来不肯尽力把自己的本职工作做好，那么你将永远无法达到成功的巅峰，永远在失败的低谷徘徊。

3 增强自己的素质储备

一个人的能力是可以通过工作慢慢培养起来的，但一个人的素质则需要很长时间的积累、深沉，才能够养成。

许多职场上的打工者，看似风光，其实也面临着许多的烦恼和困惑。这需要在自己的日常工作之中，增加自己的素质储备。这些素质是一个人赖以成功的重要因素,平时储备好,对日后的成功大有帮助。

许多职场中人应该明白素质的重要性,它在很多时候往往能够决定一个人的成败。那些拥有良好素质的人,常常能够在不经意间获得成功。

在一次大型招聘会上,一家著名外企的人事经理说,他们本想招一个有丰富工作经验的资深会计人员,结果却破例招了一位刚毕业的女大学生,让他们改变主意的起因只是一个小小的细节,仅仅因为两元钱,改变了一个人的命运。

人事经理说,当时,女大学生因为没有工作经验,在面试第一关就遭到了拒绝,但她并没有气馁,一再坚持。她对主考官说:"请再给我一次机会,让我参加完笔试。"

主考官拗不过她,就答应了她的请求。结果,她通过了笔试,由人事经理亲自复试。人事经理对她颇有好感,因她的笔试成绩最好,不过,女孩的话让经理有些失望。她说自己没工作过,唯一的经验是在学校掌管过学生会财务,找一个没有工作经验的人做财务会计不是他们的预期。

经理决定收兵:"今天就到这里,如有消息我会打电话通知你。"

女孩从座位上站起来,向经理鞠了一躬,从口袋里掏出两块钱双手递给经理,"不管是否录取,请都给我打个电话。"

经理从未见过这种情况,他问:"你怎么知道我不给没有录用的人打电话?"

女孩说:"您刚才说有消息就打,那言下之意就是没录取就不打了。"

经理对这个女孩产生了浓厚的兴趣,问:"如果你没被录取,我打电话,你想知道些什么呢?"

"请您告诉我,我在什么地方不能达到你们的要求,在哪方面不够好,我好改进。"

女孩接着说："给没有被录用的人打电话，不属于公司的正常开支，所以由我来付电话费，请您一定给我打个电话。"

经理听了她的话之后也笑了，经理说："请你把两块钱收回，我不会给你打电话了，我现在就通知你：你被录用了。"

也许你会觉得不可思议，仅仅因为两元钱，公司就录用了一个没有任何工作经验的人。可是，拥有一个优秀的品质，比拥有多少经验都更加重要。

有些企业，他们对员工人品的看重，远远胜于对工作经验的看重。这更加说明，拥有良好的素质，即良好的职业素养，在哪里都能得到认可，都能够让为自己的成功增添砝码。许多职场人都听说过美国著名的福特公司，曾经因为看重一个人的人品，而收购了他所在的公司的故事。

思坦因曼思是德国的一位工程技术人员，因为失业和国内经济不景气，不远千里来到美国。他幸运地得到一家小工厂老板的看重，聘用他担任生产机器马达的技术人员。

1923年，美国福特公司有一台马达坏了，公司所有的工程技术人员都未能修好。正在焦急万分的时候，有人推荐了思坦因曼思，福特公司就派人请他来。他来之后，什么也没做，只是要了一张席子铺在电机旁，聚精会神地听了三天，然后又要了梯子，爬上爬下忙了多时，最后他在电机的一个部位用粉笔画了一道线，写上"这儿的线圈多绕了16圈"几个字。福特公司的技术人员按照思坦因曼思的建议，拆开电机，电机正常运转了。

福特公司总裁福特先生得知后，对这位德国技术人员十分欣赏，先给了他一万美元的酬金，然后又亲自邀请思坦因曼思加盟福特公司。但思坦因曼思却向福特先生说，他不能离开那家小工厂，因为那家小工厂的老板在他最困难的时候帮助了他。

福特先生先是觉得遗憾万分，继而又感慨不已。福特公司在美国是实力雄厚的大公司，人们都以进福特公司为荣，而他却为了报恩而舍弃如此好的机会。

不久，福特先生做出一个决定，收购思坦因曼思所在的那家小工厂。董事会的成员都觉得不可思议："这样一家小工厂怎么会进入福特先生的视野?"

福特先生说："人品难得，因为那里有思坦因曼思。"

由此可见，一个品格优秀的人，是企业无穷的财富，他们会为此付出昂贵的代价，正如福特公司一样，因为看好这位人品优秀的技术人员，转而收购了他所在的公司。

在职场中的人，都应该学会修炼自己的人品，让自己拥有一个高尚的人品。

俗话说"德高艺更高"，那些人品出众的人，大多都拥有一身过硬的"本领"，而这样的人，正是许多企业追逐的目标。

当一群人竞争的时候，哪种人能够获胜？当然是出错率最少的人。那么，怎么能够让我们减少问题的发生频率，一个十分有效的途径就是在问题出现的时候，不要满足于单纯地解决问题，而应该扩展视野，找到问题出现的深层原因，在以后的工作中，杜绝类似问题的再次发生。

因此，在日常的工作中，我们要注意培养自己的素质，让自己变得更加完美，更加成熟。只有这样，你才能快速地在职场上脱颖而出。

4　坚决遵守公司的规章制度

无论你在任何一家公司工作，都要学公遵守公司的规章制度，这也是考验一个员工忠诚度的重要指标之一。诚然，有些公司的规章制度繁琐复杂，但你既然决定在这里工作了，就是这家公司中的一员，就要遵守这里的规章制度。

有些人天生喜欢自由，他们生性散漫，不习惯被任何制度束缚，这些人还为自己找理由说:“在现代社会,我们这些打工的人都是公司的主人,不是公司的奴隶,只有奴隶才会墨守那些教条似的制度。”正是如此,这些人从来都是我行我素,一点不把公司的制度放在眼里。

实际上,这是一种思想上的误解,这些人不知道公司的制度是统一化管理的标准,而不是束缚某个人的工具。那些不遵守公司制度的人,往往会因此害了自己。

李红在一家软件公司做前台工作。这家公司有一条规定:每天上班前必须自己打卡,不准代别人打卡。可是,公司里的软件工程师和程序员们可大多是夜猫子,晚上大多会熬到半夜,第二天经常会迟到。于是,他们之中有些人便找到李红,将自己的卡递给她,希望她能代自己打卡,并且大家都承诺,轮流请李红吃饭作为报答。

李红心想:“虽然公司有不准代打卡的规定,但规定是死的,人是活的。再说了,这些软件工程师们负责开发公司的各种软件,是利润的主要创造者,得罪了他们可了不得。我就帮他们一下吧!再说大家还答应我吃饭呢!”想到这里,李红慨然应允了。

以后的几天里,李红一直在帮几位平时关系不错的程序员打卡。突然有一天,公司总经理召集所有员工开晨会,结果软件部有四五个人还没到。总经理很生气,但他一看考勤表,这几个人居然都早已打了卡。接下来,自然查到了李红头上,第二天,公司就因李红违反公司规定而将她解雇了。

失业后的李红懊悔不已,她终于尝到了违反公司制度的苦果。没多久,李红找到了一份新的工作。在这家公司,李红再也不敢违反公司的任何制度了。因为她知道,违反公司的规章制度,将会付出惨重的代价。

故事中的李红这样的人存在于职场中的任何地方,许多家公司都有李红这样的人,李红的教训也应该让我们身在职场的人引以为戒。

在一家公司工作一天，你就应该遵守这里的制度，这是一种职业道德，也是一种对公司忠诚的表现。每家公司都有自己的规章制度，这些制度或许存在一些不足，但既然是制度，就应该遵守。不管是领导还是普通员工，既然在公司工作，就要认真遵守每一项规章制度。

或许，你不去遵守公司的规章制度，是觉得它并不够健全，或者有一些条款已不符合公司的基本情况了。但是，你要明白，公司制订的任何一种制度都只是一种约束员工的手段，并不是一种目的，况且，任何时候，我们都不能要求公司有完美的制度，只能要求自己对于公司的制度完美地执行。

俗话说“没有规矩，不成方圆”，大到一个国家，小到一个公司，都会有它不同类型的规章制度，规矩和规范无处不在。对于任何一个职场中的人来说，遵守公司制度是职业精神的一种体现。

联想集团自从成立的那天起，就为员工立下了四项基本原则，即“不能利用工作之便为自己牟取私利”，“不准接受客户的红包”，“不准做除工作之外的第二职业”，“公司任何人的薪资都要严格保密”。如果有人违反了这四条中的任何一条，公司都会毫不留情地将他解雇。在联想的每一名员工，都会时时牢记这些规章制度，不敢违背。正是这样，联想才一步步发展并壮大起来。

中国家电的领军企业海尔集团也有着严格的公司制度，他们的制度严格到生活中的小事，例如：不准在工作的时候闲聊，不准在上班期间织毛衣等。这些看似琐碎的细节，正是海尔文化的集中体现。

海尔员工的职业化与专业化，正是在这些琐碎的制度中磨炼出来的。在海尔集团，一切工作都有制度可循，凭借着这些制度，海尔集团高速发展，成为了中国家电企业数一数二的名牌。

西洛斯·梅考克是世界第一台收割机的发明者。在他的企业里，制度是约束所有人的标准和依据。有一次，公司里的一名老员工在工作期间酗酒闹事，还旷工了半天。这样的事情按照公司的规定,应该给予开除处分。

部门经理请示梅考克,梅考克毫不犹豫地同意了。

决定公布出来后,这位老员工非常气愤,他走进梅考克办公室,怒气冲冲地说:"想当年,公司负债累累,都快倒闭了,许多人都离开了公司,而我却留下来与你共同面对,半年没拿一分钱工资。现在,公司发展好了,我犯了一点小错误,你就一脚把我踢开,是不是有点太过分了!"

梅考克平静地说:"你做的贡献没有任何人能够抹煞。但是,公司是有制度了,你违反了就要付出代价。"这位老员工听了梅考克的话之后,黯然退了出去。

后来,梅考克从其他员工口中得知,这位老员工妻子去世了,两个孩子没人照顾,他在极度悲伤和痛苦的情形下才借酒消愁的。梅考克得知这个情况,急忙找到这位老员工,递给他一沓钱。告诉他要坚强,不要被困难打倒。

老员工惊讶地问到:"怎么?您改变主意了,不再开除我了吗?"

梅考克反问:"你希望我这样做吗?"

老员工回答:"我不希望你因为我破坏了公司的制度。"

梅考克拍着他的肩膀说:"好!这才是我的好兄弟!公司的制度任何人都不能违反的。不过你放心,我会为你想其他办法。"几天后,梅考克安排了这位老员工去了自己的农场做了管家。

故事中的梅考克是正直的,老员工后来也是理智的,他们都深深明白纪律对于一家公司的重要性。其实,作为一名职场上的员工,你应该学会遵守公司的制度,用制度规范自己的行为。只有做到这些,你才是一名合格的职场人!

5 打造你的个人影响力

影响力是一个领导者身上具备的一种能力，也是一门艺术。在现代的职场上，管理应该减少那些条条框框的束缚，减少那些明争暗斗般的控制，加强对员工的管理和领导，而领导的成功与否，很大一部分，取决于影响力的大小。有的时候，影响是一种神奇的力量，他能够在潜移默化中改变一个人。

人与人的交往中，往往是一种影响力的较量，你不影响他，他就可能会以影响到你。因此，我们想要成为一个优秀的领导者，一定要让自己拥有很强的影响力，只有能影响到更多的人，你才会成为职场中的强者。增强了自己的影响力，就是在职场上获得成功的重要保证。

那么，如何才能加强自己的影响力呢？

首先，思想传播。任何一个管理者，当他认为自己所管理的团队前途一片光明的时候，短期的利益的重要性往往会降低，作为一个团队的领导者，最先要做的就是要传播思想和理念。

在传播思想和理念的同时，还要学会不断从中提取一些优秀的精华，重复地告诉自己的下属。比如我们都知道对于团队来说最得要的那几样精神，执行力、创新力、学习力、奉献精神、诚信、速度与效率等，既然如此，那你作为一个领导，就要学会在不同的场合、不同的地方、不同的会议中，不断地强调这些理念，挖掘典型的案例，表彰做得好的员工，批评与理念背道而驰的人。

这样一来，就能够在企业内部慢慢形成良好的执行力氛围、融洽的创新氛围、高涨的学习氛围等。长期下去，团队的文化会影响到每个人，从而让你的团队产生强大的凝聚力。

其次，表率作用。一个团队的领导者，不一定是各方面能力最强的，但一定是核心能力最强的。这里所讲的核心力，包括其领导能力、管理能力、用人能力、规划能力以及对市场合理动作的商业思路。

如果缺乏一个良好的思路，做事情优柔寡断，自然不能带领团队取得更好的成绩。同时，作为一个团队的领导者，还要学会和大家一样，不搞特权，与下属平等。做任何事情，都要有一个表率作用，这样才能够在自己的下属面前，建立起强大的威信，一个拥有威信的领导者，才能够让自己的下属信任你，工作起来，才能够一帆风顺。

第三，要学会指导。许多领导都很难在企业露面，更不要说指导员工了。在职场上，有许多单位的领导，即使视察市场，也只是看看终端，与经销商聊聊、喝喝酒就走人。这会导致自己的员工工作也非常散漫。其实，一个优秀的领导应该懂得在在执行的过程中进行指导和培训，并在指导与培训的过程中推进执行。并对所发现的问题做及时的调整。能够在自己的团队里建立分享机制和头脑风暴机制，让团队中的成员发挥自己最大的作用，一起献谋献策，让团队发展得更顺利。

第四，学会激励。没有一个员工不喜欢听到表扬和赞美。一个优秀的管理者，应该学会发现员工身上优点，并适时地加以褒奖。做出成绩时，及时激励是使员工迸发激情的灵丹妙药；发生偏差时，及时批评是组织防微杜渐的苦口良药。

在自己的领导过程中，要懂得用恰当的鼓励激发员工的积极性，让他们能够主动地为企业做出更大的贡献来。

第五，勇于创新。一个合格的领导者，要敢于面对挑战，勇于创新，能够永远保持一颗进取的心，带给自己希望，带给下属勇气。只要上下一气，都拥有强烈的创新意识，大家就一定会有创新的行动，最终会养成创新的习惯。有了这些，一切的困难和挫折，都会在整个集体面前迎刃而解。

以上的培训五个要素，对于任何一个想要提高自己影响力的领导来说，都是非常重要的。只要我们能够提高自己的影响力，那企业的业绩就会迅速提高，一日千里。

6 做一个忠诚坦荡的职场人

忠诚是一个人最为宝贵的品质,如果你是一个忠诚的人,别人也会喜欢与你接近。在职场上,所有的上司或老板都喜欢有忠诚的部属为其所用。事实上,任何人均不能容忍或原谅别人对其不忠诚,尤以上司为甚,上司最需要对他忠心耿耿的下属。

古今无数的事实表明,那些不忠诚的人往往会造成莫大的危害,与其共事无异于养虎贻患。试想一个上司或老板怎会对此类部属有好印象而愿意重用呢?因此,不管你的才能有多大,学识有多高,都要有忠诚的品格。

如果你在职场上不对上司忠诚,不对企业忠诚,那你将很难获得其重用与提拔。许多管理者在挑选下属时,宁可要那些具有诚实、讲信誉品格的人,也不会要那些聪明能干却跳槽很多次的人。虽然这并不说明上司只挑选可以控制在手中的人,但至少可以说明他们所欣赏和所喜爱的员工,都是对企业忠诚的。

一个对自己的上司不忠诚的员工,很难得到别的上司欣赏。当你卖弄本事,表示自己有办法,偷偷把自己公司的消息告诉别人时,即使对方得到了好处,也不会因此而尊重你,喜欢你。

也许,你的能力有限;也许,你处世不够圆滑,你可以有些诸如丢三落四的小毛病,但你绝对不可以不忠诚。

忠诚是上司对员工的第一要求。不要试图耍小聪明和搞小动作,你的上司能有今天的位置说明他绝非等闲之辈,你不管智商如何高明,手段如何高超,在上司面前耍手段也是不对的,如果被他们发觉,你将很难在他们手下继续做下去。

最低级的背叛,往往是从贪图小利,任何一家正规、资深的公司,再严密的制度,总会有漏洞。

如果你是一个忠诚的人,不会趁老板不在的时候偷偷地打私人的长途电话;或者是趁上司不注意的时候,溜出去逛街,也不会把自己跟朋友聚餐的餐费发票塞进因公宴请客户的单据中,让老板签字报销;上班时,不会偷偷地用公司的电脑上QQ闲聊。

不会在老板不知道的情况下接受客户的馈赠,更不会把公司的情况泄漏给竞争对手。

任何一家企业的上司,都讨厌贪图小便宜的人,他们会把这看作是一个人的品质问题,一旦上司对你有了这种印象,就会失去对你的信任。

许多上司一般会把下属当成自己的人,希望下属能够忠诚地与自己一起工作,能够拥护自己利益,听从自己的指挥。如果下属不与自己一条心,背叛自己,另攀高枝,"身在曹营心在汉",存有二心等,是上司最反感的事。如果你拥有忠诚,就能够得到上司的赏识和喜爱。

你可以通过多种方式显示自己的忠诚,让上司感觉到你是一个可以信任的员工,这对你的职业发展,将大有益处。

雷姆赛,美国一家著名公司的国际市场副总裁的一位助理,有一天,老板交给他一项重要的任务,根据他的笔记,准备好业务进展曲线图表。

在起草图表的时候,雷姆赛见老板在笔记中这样写道:"美元坚挺,则出口就会增加。"可是,当天美元的行情并不坚挺,如果只是根据老板的笔记绘制图表,虽然说这样完成任务非常简单,但是,却可能给公司造成严重的损失。因为老板笔记上写的"美元坚挺",与美元的行情恰好相反。

雷姆赛发现了这个问题之后,不敢怠慢,急忙给老板打电话,及时地纠正了老板的错误。老板也非常感激雷姆赛,能够及时地指出自己的错误,给公司避免了重大的损失。

可见,许多上司还是公正的。只有你忠诚于上司、忠诚于企业的时候,你才能够和企业得到双赢。

有家公司对一家对手公司业务的发展感到忧心,但想不出制服对手的良策。终于,对策有了！他们想方设法寻找关系,接近对手公司的一名仓库主管,让其暗中出卖商业机密。这个主管在利益的驱使下,利令智昏,把自己公司的库存数量、货品结构、价格策略一一泄露。几经交手,商界风向大变,原先生意红火的公司,节节败退,最后元气大伤而倒闭。另一家快要倒闭的公司,却起死回生,反败为胜。覆巢之下安有完卵？这名主管最后也落得身败名裂的下场。

这种隐性的不忠诚,有可能成为办公室的一颗定时炸弹。任何一个忠诚的人,都不会选择这样的方式。因此,我们在做任何工作的时候,都要站在公司的立场去考虑。

忠诚上司,就是忠诚自己的事业,就是有极强的责任心的表现。在职场上,一个忠诚的人十分难得,一个既忠诚又有能力的人更是难求。毕竟,一个事业中,需要决策的大事很少,需要具体操作的事情很多。因此,要学会做一个忠诚的员工,忠诚带给你的,会远远超乎于你的想象。

7　提高团队凝聚力的九个技巧

那些是非过于分明的人,心中对人的分别是“非友即敌”,这是种极端的个思维方式。具有这处性格特征的人,往往在工作中喜欢“单打独斗”,不喜欢与别人合作。这就会造成这种类型的人在生活上容易影响公益,在工作上容易造成团体精神的缺乏。

一个聪明的领导者会想办法让他的团队凝结在一起,集体作战。想要团队作战,重中之重就是想办法提高团队的凝聚力。下面的九个技巧,对于提高一个团队的凝聚力会有很大的帮助,可以作为团队领导者的参考。

(1)对团队成员给予认同

不管是在会议的场合,还是在指派命令的时刻,都要在讲话中表露出来,并着重强调“我们”、“我们这个部门”或者“我们这个团体”,这样才能让团队成员认为自己的领导与他们在同一战线。如果一味地讲“你如何”、“我怎样”，这样会使团队成员觉得工作团体不甚重要，所以也容易显得满不在乎。

(2)建立团队的传统

一个团队的领导者，在适当的场合可以向团队成员讲述团队过去一些好玩、特殊而刺激的事件。另一方面每当团队成员生日或其他值得祝贺的事件发生时，主管应该主动安排庆祝会。这样日子一久，团队的传统逐渐形成。有了传统，工作团队对团队成员的吸引力自然就会增加。

(3)强调团队工作的重要性

团队的领导者应该平素以身作则，有一种“只要我们成功了，谁居功都无所谓”的博大胸襟。换句话说，老板时时刻刻要担心这个工作团队是否能达到目标，而不必担心“谁出了风头”、“谁抢了头功”等问题。这样，大家才会全力以赴地协同作战。

(4)适当对优秀的团队成员行为给予适度的认可褒奖

一个合格的领导人，会小心翼翼地观察和揣摩团队成员的心理，观察团队成员的表现，随时给予协助、认可、鼓励与赞扬，明确地向团队成员说明他对团体的重要性。如果哪一位团队成员有赞美同仁的表现，那么也应该褒奖这一位团队成员的建设性行为。久而久之，这个工作团队的气氛就会显得和谐而融洽。

(5)制订明确而容易达到的团队目标

在制订团队的长期目和远景规划的时候，最好能够征求团队成员的意见。目标和规划制订出来后，应该把摘要传述给团队成员，更应在这项长期计划的参考架构内，制订一些短期而明确的目标。这些短期的目标应该让人一目了然，并且具体可行。如果目标过于笼统而高不可攀，员工则容易丧失斗志。

(6)心理上与团队成员保持亲近

学会适当地参加团队成员的业余活动，与他们打成一片，以便于了解他们的想法。同时必须保持距离，否则过度的深入参与会带来彼此的熟稔,容易招致团队成员的轻视。

(7)把团队成员当做平等的人来看待

许多主管和经理都喜欢养尊处优,自己高高在上,自己尊贵别人下贱的观念难免在脑海里生根,容易期望团队成员多付出一点。相反,如果把团队成员当做平等的人来看待,彼此之间更容易达成谅解。

(8)实施团队激励的措施

一个良好的奖励制度能够有效激励一个团队健康快速发展。除了个人奖金制度以外,应该设定一套奖赏的办法,以便配合团队激励的政策。此外团队得到特殊的奖励,也应该与团队成员共享成果。

(9)与团队成员增进共同的体验

这样做的结果能够让团队成员之间形成亲密的关系,大伙的心就能够贴得更近,如果是同甘共苦,则更可增进密不可分的伙伴关系。

所以,与其与团队成员共进午餐,不如当团队成员在晚上加班时,你也加入他们当中,如此必能加强同甘共苦的患难意识。

一个优秀的团队,能够改变人许多不良的缺点,让自己也变得优秀起来。要促使团队成员改变工作行为(不是工作态度,因为态度较难改变),把他纳入团队的范畴之内,然后慢慢使其团队意识巩固起来,继而使团体的凝聚力提高。

一个团队如果具有高度的凝聚力,那么团队成员之间的隔膜就会消失,工作就会更有效率,而且更会看重团队的名誉。如此一来,整个团队的目标易于达到,团队的战斗力得以增强。

作为领导者,必须有能力去影响员工以及他们的表现。只有创造出一种充满信任、乐观和乐趣,并鼓励个人成长的环境才可以建立一支具有持续作战能力的高效率团队。

8 懂得在工作中如何取舍

在一个团队中工作，有时候固然需要坚持自己的意见，但更多的时候，是要懂得如何去放弃。在这个世界上，有许多东西是需要我们去坚持、坚守的，比如信仰、理想和对美好事物的追求。在这些方面，我们需要的是坚持精神。

俗话说：世上无难事，只怕有心人。这里的"心"，指的是信心，恒心。做事情，有了信心，有了恒心，就能够将这件事情做好。只要不轻言放弃，再困难的事情也能成功。只要敢于坚持，毫不退缩，再大苦难都能熬过去。

反之，如果没有恒心，遇到困难就打退堂鼓，那再简单的事情，也很难办成，再容易的事也会变成困难的事情。恒心的内涵，指的就是具有坚强的毅力、百折不挠的精神和坚贞不屈的品质，想要自成就一番大事业，想要自己的人生之路获得成功，就要学会拥有一颗恒心。

一个人之所以失败，绝不是上天的惩罚，而是关键时刻的自我放弃；一个人之所以成功，也绝不是上天的恩宠，而是矢志不渝地坚持最初的目标，绝不轻易放弃。

因此，不管是在生活中还是在工作中，千万不能抱有侥幸的心理。这个世界上的幸运者和成功者，大多是辛苦努力、勤于付出的人，而不是那些畏首畏尾、懒惰成性的人。只要坚持到底，就能看到未来的希望之光。

坚持不懈，并不是一时的冲动，而是一种长久的耐力，它指的是一种习惯，一种精神。学会让自己养成坚持到底的习惯，能够让你慢慢坚强起来。如果你为一件事情而付出了很多，那就要敢于坚持到底，付出自己的全部精力。

一个人，在最困难的时候，往往就是离成功最近的时候。因此，要时刻告诫自己：既然敢于选择，就要敢于坚持，不要轻易地放弃自己所坚持的东西。只有这样，才能获得成功。

在生活中，当你做一件事情的时候，即使拥有百分之九十九的成功欲望，却只有百分之一的放弃的念头。你也很有可能会遭遇失败。因为，很多时候，成功和失败之间的区别，就合并在于这百分之一的念头之中。

美国著名的优秀主持人莎莉·拉斐尔，在她三十年的主持生涯中，曾经被老板炒掉十八次。可是，她没有放弃，更没有改变自己的职业，而是顽强地坚持了下来。

第一次，她被辞退之后，就将自己的眼光放得更长远，为自己确立更远大的目标。终于，她成为了自己自办电视的主持人，并两度获奖。在美国和加拿大，她的观众达到了八百万之多。

莎莉·拉斐尔曾满含深情地说："在我的职业生涯中，我曾被人辞退了十八次，在我最脆弱的时候，我选择了坚持。我为着自己最后的希望而奋斗着，终于，我看到了自己的梦想成为了现实。所以，才会有今天的我，才会幸运地站在主持的舞台上。"

在现实生活中，有许多人都在自己事业的最初阶段充满激情，斗志昂扬，可是，随着时刻的流逝，激情渐渐归于平淡，最后没有了一点斗志，变得平庸而懒散。一个人，如果选择了放弃，就会出现自己不想看到的结局。

生活中，许多失败者的悲剧，就在于人们倒在了最后的那一刻。这些人往往被眼前的障碍所吓倒，不懂得再坚持一步，不懂得去克服困难，不懂得去排除障碍。当最困难的时刻到来之前，他们就已经"倒下"了。这些人，都是自己打败了自己，他们失去了所有应有的成功，放弃了即将到来的机会，这是一件非常可悲的事情。

因此，不管在何时何地，也不管你身处何种境遇，也不管你正在遭遇着什么样的打击和磨难，都要学会坚持到底，用自己超人的毅力克服一切困难。这样，你就能够看到意想不到的结果，就能够获得梦寐以求的成功。

在职场上也是一样，那些不能够坚持、时常想到放弃的人，常常会成为职场上的失意者。

有些人,为了提高几百块钱的工资而选择跳槽走人,放弃了自己工作已久的岗位,最终,也会因为这一点蝇头小利,丧失了自己很好的职业发展,最终成为可怜的失败者。

因为,在职场上,只要是为人打工,薪水都相差无几,只要是靠自己的汗水挣钱,待遇都没有明显差别。因此,到哪里都是一样的境况,只有坚持下去,才会在自己平凡的岗位上,做出一番不平凡的业绩来。

一个员工任何时候都要知道自己的使命所在:为企业增辉,为自己喝彩。

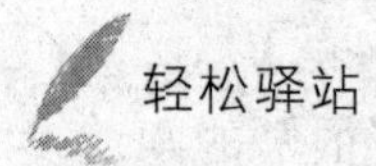

轻松驿站

人生侃语

1. 强者不是没有眼泪,只是可以含着眼泪向前跑。
2. 姐不是蒙娜丽莎,不会对每个人都微笑。
3. 做有良心的男人,找有气质的女人。
4. 年轻的时候,我们常常冲着镜子做鬼脸;年老的时候,镜子算是与我扯平了。
5. 卑微的表面,掩饰的或许是内心的变态。
6. 医生,麻烦你给我开点“后悔药”,再给我杯“忘情水”。
7. 我从不说谎,除了这句话以外。
8. 一个人时,善待自己;两个人时,善待对方。
9. 如果你看到面前的阴影,别怕,那是因为你的背后有阳光。
10. 旋转木马是最残忍的游戏,彼此追逐却有永恒的距离!
11. 人生没有彩排的机会,每时每刻都是在现场直播。
12. 没了寂寞,谁陪我?
13. 再烦,就把你绑到草船上借箭去!
14. 人生如戏,全靠演技。
15. 有些人就是这样:自己是蛆,就觉得全世界是一个大粪池。
16. 我一再强调做人要低调,可你们非要给我掌声和尖叫。
17. 地球是运动的,一个人不会永远处在倒霉的位置。
18. 世界快末日了,有件事情我一直瞒着你,其实我是奥特曼。
19. 亲爱的,你可得一定要相信我啊,我连坐船都头晕,更何况是脚踏两只船呢!
20. 最美的不是下雨天,是曾与你躲过雨的屋檐。

21. 五毛和五毛是最幸福的,因为他们凑成了一块。
22. 姐不是巴黎欧莱雅,不值得你拥有。
23. 梦想这回事,就是用来破灭的吧!
24. 一个人的寂寞,是两个人的错。
25. 我不是天桥算命的,唠不出那些你爱听的嗑。
26. 握不住的沙,干脆扬了它。
27. 眼睛为你下着雨,心却为你撑着伞。
28. 不怕讨债的是英雄,就怕欠债的是真穷!
29. 我的签名很贵,尤其是签在支票上面!
30. 人不能太方,也不能太圆,一个是会伤人,一个是会让人远离你。因此人要椭圆!
31. 虽然你身上喷了古龙香水,但我还能隐约闻到一股人渣味。
32. 誓言只是一时的失言!
33. 广告看的好好的,突然蹦出个电视剧。
34. 你不是仙人掌,又何必那么坚强。
35. 我还年轻,需要指点。但是,不需要您对我指指点点。
36. 脑袋空不要紧,关键是不要进水。
37. 红豆不长南国,长我脸上了。真相思!
38. 当两个人遇见,接下来的不是故事就是事故。